# हरिशंकर परसाई

22 अगस्त, 1924 को मध्य प्रदेश के होशंगाबाद जिले के जमानी गाँव में जन्मे हरिशंकर परसाई का आरम्भिक जीवन कठिन संघर्ष का रहा। पारिवारिक जिम्मेदारियों के बीच नागपुर विश्वविद्यालय से हिन्दी में एम.ए. किया और फिर 'डिप्लोमा इन टीचिंग' का कोर्स भी।

आपकी प्रकाशित कृतियाँ हैं—हँसते हैं रोते हैं, जैसे उनके दिन फिरे (कहानी-संग्रह); रानी नागफनी की कहानी, तट की खोज (उपन्यास); तब की बात और थी, भूत के पाँव पीछे, बेईमानी की परत, वैष्णव की फिसलन, पगडंडियों का जमाना, शिकायत मुझे भी है, सदाचार का ताबीज, विकलांग श्रद्धा का दौर, तुलसीदास चन्दन घिसैं, हम इक उम्र से वाक़िफ़ हैं, निठल्ले की डायरी, आवारा भीड़ के खतरे, जाने-पहचाने लोग, कहत कबीर, ठिठुरता हुआ गणतंत्र (व्यंग्य निबन्ध-संग्रह); पूछो परसाई से (साक्षात्कार)।

'परसाई रचनावली' शीर्षक से छह खंडों में आपकी सभी रचनाएँ संकलित हैं।

आपकी रचनाओं के अनुवाद लगभग सभी भारतीय भाषाओं और अंग्रेजी में हुए हैं।

आपको केन्द्रीय साहित्य अकादेमी पुरस्कार, मध्य प्रदेश के शिखर सम्मान आदि अनेक पुरस्कारों से सम्मानित किया गया।

आपका निधन 10 अगस्त, 1995 को हुआ।

# ठिठुरता हुआ गणतंत्र

हरिशंकर परसाई

राजकमल पेपरबैक्स

राजकमल पेपरबैक्स में
**पहला संस्करण :** 2018
**चौथा संस्करण :** 2023



---

**राजकमल पेपरबैक्स :** उत्कृष्ट साहित्य के जनसुलभ संस्करण

---

राजकमल प्रकाशन प्रा.लि.
1-बी, नेताजी सुभाष मार्ग, दरियागंज
नई दिल्ली-110 002
द्वारा प्रकाशित

**शाखाएँ :** अशोक राजपथ, साइंस कॉलेज के सामने, पटना-800 006
पहली मंजिल, दरबारी बिल्डिंग, महात्मा गांधी मार्ग, प्रयागराज-211 001
वेबसाइट : www.rajkamalprakashan.com
ई-मेल : info@rajkamalprakashan.com

बी.के. ऑफसेट
नवीन शाहदरा, दिल्ली-110 032
द्वारा मुद्रित

**मूल्य : ₹** 199

THITHURTA HUAA GANTANTRA
*Satirical essays* by Harishankar Parsai

ISBN : 978-81-267-3081-0

# अनुक्रम

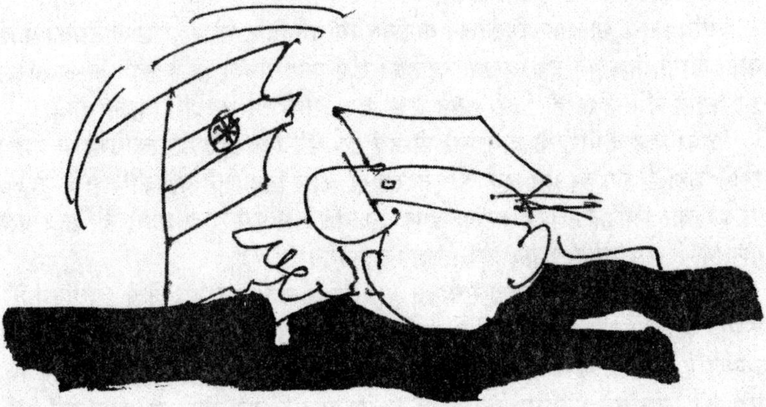

# ठिठुरता हुआ गणतंत्र

चार बार मैं गणतंत्र-दिवस का जलसा दिल्ली में देख चुका हूँ। पाँचवीं बार देखने का साहस नहीं। आख़िर यह क्या बात है कि हर बार जब मैं गणतंत्र-समारोह देखता, तब मौसम बड़ा क्रूर रहता। छब्बीस जनवरी के पहले ऊपर बर्फ़ पड़ जाती है। शीत-लहर आती है, बादल छा जाते हैं, बूँदाबाँदी होती है और सूर्य छिप जाता है। जैसे दिल्ली की अपनी अर्थनीति नहीं है, वैसे ही अपना मौसम भी नहीं है। अर्थनीति जैसे डॉलर, पौंड, रुपया अन्तरराष्ट्रीय मुद्राकोष या भारत-सहायता क्लब से तय होती है, वैसे ही दिल्ली का मौसम कश्मीर, सिक्किम, राजस्थान आदि तय करते हैं।

इतना बेवकूफ़ भी नहीं हूँ कि मान लूँ, जिस साल मैं समारोह देखता हूँ, उसी साल ऐसा मौसम रहता है। हर साल देखनेवाले बताते हैं कि हर गणतंत्र-दिवस पर मौसम ऐसी ही धूपहीन ठिठुरनवाला होता है।

आख़िर बात क्या है? रहस्य क्या है?

जब कांग्रेस टूटी नहीं थी, तब मैंने एक कांग्रेस मंत्री से पूछा था कि यह क्या बात है कि हर गणतंत्र-दिवस को सूर्य छिपा रहता है? सूर्य की किरणों के तले हम उत्सव क्यों नहीं मना सकते? उन्होंने कहा, "ज़रा धीरज रखिए। हम कोशिश में लगे हैं कि सूर्य बाहर आ जाए। पर इतने बड़े सूर्य को बाहर निकालना आसान नहीं है। वक़्त लगेगा। हमें सत्ता के कम-से-कम सौ वर्ष तो दीजिए!"

दिये। सूर्य को बाहर निकालने के लिए सौ वर्ष दिये, मगर हर साल उसका कोई छोटा कोना निकलता तो दिखना चाहिए। सूर्य कोई बच्चा तो है नहीं जो अन्तरिक्ष की कोख में अटका है, जिसे आप एक दिन ऑपरेशन करके निकाल देंगे।

इधर जब कांग्रेस के दो हिस्से हो गए तब मैंने एक इंडिकेटी कांग्रेसी से पूछा। उसने कहा, "हम हर बार सूर्य को बादलों से बाहर निकालने की कोशिश करते थे, पर हर बार सिंडिकेटवाले अड़ंगा डाल देते थे। अब हम वादा करते हैं कि अगले गणतंत्र-दिवस पर सूर्य को निकालकर बताएँगे।"

एक सिंडिकेटी पास खड़ा सुन रहा था। वह बोल पड़ा, "यह लेडी (प्रधानमंत्री) कम्युनिस्टों के चक्कर में आ गई है। वही उसे उकसा रहे हैं कि सूर्य को निकालो। उन्हें उम्मीद है, बादलों के पीछे से उनका प्यारा 'लाल सूरज' निकलेगा। हम कहते हैं कि सूर्य को निकालने की क्या ज़रूरत है? क्या बादलों को हटाने से काम नहीं चल सकता?"

मैं संसोपाई भाई से पूछता हूँ। वह कहता है, "सूर्य ग़ैर-कांग्रेसवाद पर अमल कर रहा है। उसने डॉ. लोहिया के कहने से हमारा पार्टी-फॉर्म भर दिया था। कांग्रेसी प्रधानमंत्री को सलामी लेते वह कैसे देख सकता है? किसी ग़ैर-कांग्रेसी को प्रधानमंत्री बना दो, तो सूर्य क्या, उसके अच्छे भी निकल पड़ेंगे।"

जनसंघी भाई से भी मैंने पूछा। उसने साफ़ कहा, "सूर्य सेक्युलर होता तो इस सरकार की परेड में निकल आता। इस सरकार से आशा मत करो कि वह भगवान अंशुमाली को निकाल सकेगी। हमारे राज्य में ही सूर्य निकलेगा।"

साम्यवादी ने मुझसे साफ़ कहा, "यह सब सी.आई.ए. का षड्यंत्र है। सातवें बेड़े से बादल दिल्ली भेजे जाते हैं।"

स्वतंत्र पार्टी के नेता ने कहा, "रूस का पिछलग्गू बनने का और क्या नतीजा होगा!"

प्रसोपा के भाई ने अनमने ढंग से कहा, "सवाल पेचीदा है। नेशनल कौंसिल की अगली बैठक में इसका फैसला होगा। तब बताऊँगा।"

राजाजी से मैं मिल न सका। मिलता तो वह इसके सिवा क्या कहते कि इस राज में तारे निकलते हैं, यही गनीमत है!

मैं इन्तज़ार करूँगा, जब भी सूर्य निकले।

स्वतंत्रता-दिवस भी तो भरी बरसात में होता है। अंग्रेज़ बहुत चालाक हैं। भरी बरसात में स्वतंत्र करके चले गए। उस कपटी प्रेमी की तरह भागे जो प्रेमिका का छाता भी ले जाए। वह बेचारी भीगती बस-स्टैंड जाती है, तो उसे प्रेमी की नहीं, छाता-चोर की याद सताती है।

स्वतंत्रता-दिवस भीगता है और गणतंत्र-दिवस ठिठुरता है।

मैं ओवरकोट में हाथ डाले परेड देखता हूँ। प्रधानमंत्री किसी विदेशी मेहमान के साथ खुली गाड़ी में निकलती हैं। रेडियो टिप्पणीकार कहता है, 'घोर करतल-ध्वनि हो रही है।' मैं देख रहा हूँ, नहीं हो रही है। हम सब तो कोट में हाथ डाले बैठे हैं। बाहर निकालने का जी नहीं होता। हाथ अकड़ जाएँगे।

लेकिन हम नहीं बजा रहे हैं, फिर भी तालियाँ बज रही हैं। मैदान में ज़मीन पर बैठे वे लोग बजा रहे हैं, जिनके पास हाथ गरमाने के लिए कोट नहीं है। लगता है, गणतंत्र ठिठुरते हुए हाथों की तालियों पर टिका है। गणतंत्र को उन्हीं हाथों की ताली मिलती है, जिनके मालिक के पास हाथ छिपाने के लिए गर्म कपड़ा नहीं है।

पर कुछ लोग कहते हैं, 'ग़रीबी मिटनी चाहिए।' तभी दूसरे कहते हैं, 'ऐसा कहनेवाले प्रजातंत्र के लिए ख़तरा पैदा कर रहे हैं।'

गणतंत्र-समारोह में हर राज्य की झाँकी निकलती है। ये अपने राज्य का सही प्रतिनिधित्व नहीं करतीं। 'सत्यमेव जयते' हमारा मोटो है मगर झाँकियाँ झूठ बोलती हैं। इनमें विकास-कार्य, जनजीवन, इतिहास आदि रहते हैं। असल में हर राज्य को उस विशिष्ट बात को यहाँ प्रदर्शित करना चाहिए जिसके कारण पिछले साल वह राज्य मशहूर हुआ। गुजरात की झाँकी में इस साल दंगे का दृश्य होना चाहिए, जलता हुआ घर और आग में झोंके जाते बच्चे। पिछले साल मैंने उम्मीद की थी कि आन्ध्र की झाँकी में हरिजन जलाते हुए दिखाए जाएँगे। मगर ऐसा नहीं दिखा। यह कितना बड़ा झूठ है कि कोई राज्य दंगे के कारण अन्तरराष्ट्रीय ख्याति पाए, लेकिन झाँकी सजाए लघु-उद्योगों की। दंगे से अच्छा गृह-उद्योग तो इस देश में दूसरा है नहीं। मेरे मध्य प्रदेश ने दो साल पहले सत्य के नज़दीक पहुँचने की कोशिश की थी। झाँकी में अकाल-राहत कार्य बतलाए गए थे। पर सत्य अधूरा रह गया था। मध्य प्रदेश उस साल राहत-कार्यों के कारण नहीं, राहत-कार्यों में घपले के कारण मशहूर हुआ था। मेरा सुझाव माना जाता तो मैं झाँकी में झूठे मस्टर-रोल भरते दिखाता, चुकारा करनेवाले का अँगूठा हज़ारों मूर्खों के नाम के आगे लगवाता; नेता, अफ़सर, ठेकेदार के बीच लेन-देन का दृश्य दिखाता। उस झाँकी में वह बात नहीं आई। पिछले साल स्कूलों की 'टाट-पट्टी कांड' से हमारा राज्य मशहूर हुआ। मैं पिछले साल की झाँकी में यह दृश्य दिखाता—मंत्री, अफ़सर वग़ैरह खड़े हैं और टाट-पट्टी खा रहे हैं।

जो हाल झाँकियों का वही घोषणाओं का। हर साल घोषणा की जाती है कि समाजवाद आ रहा है, पर अभी तक नहीं आया। कहाँ अटक गया? लगभग सभी दल समाजवाद लाने का दावा करते हैं, लेकिन वह नहीं आ रहा।

मैं एक सपना देखता हूँ। समाजवाद आ गया है और बस्ती के बाहर टीले पर खड़ा है। बस्ती के लोग आरती सजाकर उसका स्वागत करने को तैयार खड़े हैं, पर टीले को घेरे खड़े हैं कई तरह के समाजवादी। उनमें से हरेक लोगों से कहकर आया है कि समाजवाद को हाथ पकड़कर मैं ही वहीं लाऊँगा।

समाजवाद टीले से चिल्लाता है, "मुझे बस्ती में ले चलो।"

मगर टीले को घेरे समाजवादी कहते हैं, "पहले यह तय होगा कि कौन तेरा हाथ पकड़कर ले जाएगा!"

समाजवाद की घेराबन्दी कर रखी है। संसोपा-प्रसोपावाले जनतांत्रिक समाजवादी हैं, पीपुल्स डेमोक्रेसी और नेशनल डेमोक्रेसीवाले साम्यवादी हैं, दोनों तरह के कांग्रेसी हैं, सोशलिस्ट यूनिटी सेंटरवाले हैं। क्रान्तिकारी समाजवादी हैं। हरेक समाजवाद का हाथ पकड़कर उसे बस्ती में ले जाकर लोगों से कहना चाहता है, "लो, मैं समाजवाद ले आया।"

समाजवाद परेशान है। उधर जनता भी परेशान है। समाजवाद आने को तैयार खड़ा है, मगर समाजवादियों में आपस में धौल-धप्पा हो रहा है। समाजवाद एक तरफ़ उतरना चाहता है कि उस पर पत्थर पड़ने लगते हैं। "ख़बर दार, उधर से मत जाना!" एक समाजवादी उसका एक हाथ पकड़ता है, तो दूसरा, दूसरा हाथ पकड़कर उसे खींचता है। तब बाक़ी समाजवादी छीना-झपटी करके हाथ छुड़ा देते हैं। लहूलुहान समाजवाद टीले पर खड़ा है।

इस देश में जो जिसके लिए प्रतिबद्ध है, वही उसे नष्ट कर रहा है। लेखकीय स्वतंत्रता के लिए प्रतिबद्ध लोग ही लेखक की स्वतंत्रता छीन रहे हैं। सहकारिता के लिए प्रतिबद्ध इस आन्दोलन के लोग ही सहकारिता को नष्ट कर रहे हैं। सहकारिता तो एक स्पिरिट है। सब मिलकर सहकारितापूर्वक खाने लगते हैं और आन्दोलन को नष्ट कर देते हैं। समाजवाद को समाजवादी ही रोके हुए हैं।

यों प्रधानमंत्री ने घोषणा कर दी है कि अब समाजवाद आ ही रहा है।

मैं एक कल्पना कर रहा हूँ :

दिल्ली में फ़रमान जारी हो जाएगा, "समाजवाद सारे देश के दौरे पर निकल रहा है। उसे सब जगह पहुँचाया जाए। उसके स्वागत और सुरक्षा का पूरा बन्दोबस्त किया जाए।"

एक सचिव दूसरे सचिव से कहेगा, "लो, ये एक और वी.आई.पी. आ रहे हैं। अब इनका इन्तज़ाम करो। नाक में दम है।"

कलेक्टरों को हुक्म चला जाएगा। कलेक्टर एस.डी.ओ. को लिखेगा, एस.डी.ओ. तहसीलदार को।

पुलिस-दफ़्तरों में फ़रमान पहुँचेंगे, "समाजवाद की सुरक्षा की तैयारी करो।"

दफ़्तरों में बड़े बाबू छोटे बाबू से कहेंगे, "काहे हो तिवारी बाबू, एक कोई समाजवादवाला काग़ज़ आया था न, ज़रा निकालो!"

तिवारी बाबू काग़ज़ निकालकर देंगे। बड़े बाबू फिर से कहेंगे, "अरे, वह समाजवाद तो परसों ही निकल गया। कोई लेने नहीं गया स्टेशन। तिवारी बाबू, तुम काग़ज़ दबाकर रख लेते हो। बड़ी ख़राब आदत है तुम्हारी।"

तमाम अफ़सर लोग चीफ-सेक्रेटरी से कहेंगे, "सर, समाजवाद बाद में नहीं आ सकता? बात यह है कि हम उसकी सुरक्षा का इन्तज़ाम नहीं कर सकेंगे। दशहरा आ रहा है। दंगे के आसार हैं। पूरा फोर्स दंगे से निपटने में लगा है।"

मुख्य सचिव दिल्ली लिख देगा, "हम समाजवाद की सुरक्षा का इन्तज़ाम करने में असमर्थ हैं। उसका आना अभी मुल्तवी किया जाए।"

जिस शासन-व्यवस्था में समाजवाद के आगमन के काग़ज़ दब जाएँ और जो उसकी सुरक्षा की व्यवस्था न करे, उसके भरोसे समाजवाद लाना है तो ले आओ। मुझे ख़ास एतराज भी नहीं है। जनता के द्वारा न आकर अगर समाजवाद दफ़्तरों के द्वारा आ गया तो एक ऐतिहासिक घटना हो जाएगी।

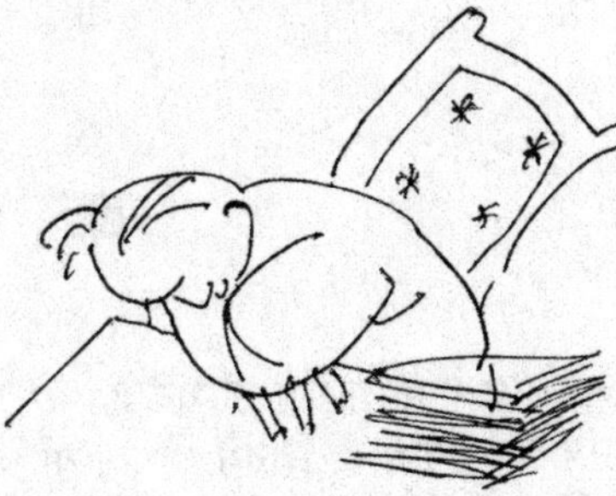

# कर कमल हो गए

पिछले महीने से अपने हाथ भी कमल हो गए हैं। मेरे पास तीन कॉलेजों के समारोहों के निमंत्रण-पत्र रखे हैं, जिनमें श्रीमान या श्रीमतीजी से कहा गया है कि उद्‌घाटन इस अकिंचन के कर-कमलों से होगा। यह मैं कर भी आया। चरण-कमलों से मंच पर चढ़ा, कमल-नयनों से लोगों को देखा, कर-कमलों से फीता काटा और मुख-कमल से भाषण दे डाला। उन लोगों ने सिर्फ़ हाथों को कमल कहा था, मैंने शरीर-भर को कमल बना लिया। ऐसा देवताओं का होता था। राम के तो नाख़ून तक कमल के थे। देवताओं का एक काम तो मैं भी करता हूँ। आकाशवाणी करता हूँ। रेडियो से बोलता हूँ और रेडियो का हिन्दी नाम आकाशवाणी है। यों मैं विनोबा भावे से ज़्यादा गांधीजी के रास्ते पर चलता हूँ। जिस रास्ते से रोज़ निकलता हूँ, उसका नाम ही महात्मा गांधी मार्ग है। नाम से आदमी तर जाता है, उल्टे नाम तक से तर जाता है। कोई 'मरा-मरा' चिल्ला रहा था तो राम ने उसे सीधा स्वर्ग

भेज दिया। बड़े आदमी छोटा एहसान करके 'प्रोपेगेंडा स्टंट' साधते हैं, वैष्णव इस स्टंट को समझे ही नहीं और स्तुति गाने लगे।

मेरे एक दोस्त के कर भी कमल हो गए हैं। मुझसे कुछ बेहतर क्वालिटी के, क्योंकि वे पाँच उद्‌घाटन इस मौसम में कर चुके हैं। वे मेरे हाथ उलट-पलटकर देखते हैं, और मैं उनके देखता हूँ। वे कहते हैं, "यार, दोनों के हाथ एकाएक कमल कैसे हो गए! यह क्या बात है?"

सचमुच यह बात क्या है? मैंने भरसक कोशिश की है कि हाथ कमल न हो जाएँ। हथेली पर मैंने काँटे बोये हैं। मगर न जाने क्या हुआ कि कर एकाएक कमल हो गए। अब मैं परेशान हूँ। जिनके हाथ मुझसे पहले कमल हो गए थे, उनकी दुर्दशा मैं देख रहा हूँ। वे कर-कमलों से उद्‌घाटन करने जाते हैं, और मुख-कमल खोलते हैं, तो माइक की तबीयत चाँटा जड़ देने की होती है। अभी वह ज़ब्त किए है, पर एक वक़्त ऐसा आएगा जब माइक मुख-कमल में घुसकर टेटरी बन्द कर देगा। कर-कमलवाले मुँह खोलते हैं कि लड़के चिल्लाते हैं, "भाषण नहीं, नौकरी दो!" वे सँभलकर कहते हैं, "यह देश तुम युवकों का है।" लड़के चिल्लाते हैं, "बकवास बन्द करो।" वे कहते हैं, "इस देश का तुम्हें निर्माण करना है।" लड़के कहते हैं, "चुप रह बे!" वे कहते हैं, "हमें तुमसे बड़ी-बड़ी आशाएँ हैं।" लड़के चिल्लाते हैं, "शटअप!" फिर घेराव, नारे, जूता फेंक और कभी पिटाई भी।

ये कमल अब कॉलेजों में जाने में डरने लगे हैं। उद्‌घाटन करनेवालों का टोटा पड़ने लगा था। जूता मारने को कमल तो चाहिए ही। अब मुझ जैसे लोगों के कर-कमल बना दिये गए हैं। सार्वजनिक ज़िन्दगी में एक ऐसा वक़्त आता है जब आदमी कमल हो जाता है। फिर ऐसा वक़्त आता है जब कमल पर जूते पड़ते हैं।

अख़बार में यह जिनका चित्र है, उनके हाथ पिछले पन्द्रह सालों से कमल हैं।

सैकड़ों निमंत्रण-पत्र इसके प्रमाण हैं। कल ही एक विश्वविद्यालय में अच्छी-अच्छी बातें कहते हुए वे पिट गए। आजकल देख रहा हूँ कि अच्छी बातें कहनेवाले ज़्यादा पिट रहे हैं। अब अच्छी बातें कहने का हक किसी को लोग देना नहीं चाहते। जिस देश में अच्छी बातें कहने से आदमी पिट जाए, उसमें अच्छी बात कहनेवालों ने क्या ग़ज़ब न किया होगा?

कल मुख-कमल से अच्छी बातें कहते हुए जो पिट गए थे, वे इस चित्र में मुस्कुराते हुए पालम हवाई अड्डे पर विदेशी अतिथि का स्वागत कर रहे हैं। विदेशी राज-अतिथि की मुस्कान इतनी अच्छी है कि लगता है, वे भी अपने देश में पिटकर हवाई जहाज़ में बैठे होंगे। बिना पिटे ऐसी अच्छी मुस्कान नहीं आ

सकती, यह हमारा पिटकर मुस्कुराने वाला बता रहा है। इस देश में यह बड़ी अज़ब बात है कि जो जितना पिटता है, वह उतना ही अच्छा मुस्कुराता है।

विदेशी राज-अतिथि से अपना यह कमलवाला क्या कह रहा है? वह जो कहता है, अख़बारों में नहीं छपता। वह कहता है, "साहब, हमारी शर्म अब बीस-बाईस साल की जवान लड़की हो गई है। मगर वह नंगी रहती है। जब आप आते हैं तो आपकी मुस्कान की रेशमी साड़ी अपनी नंगी शर्म को पहनाकर आपके सामने पेश करते हैं। आप इससे शादी कर लीजिए, यह पूर्ण शीलवती है। हमने हर चीज़ का शील-भंग हो जाने दिया है, पर शर्म के शील की रक्षा की है!"

इसके बाद वह अपने कर-कमलों से दो दर्शनी हुंडियाँ निकालेगा—एक चीन की और दूसरी पाकिस्तान की और फ़ौरन भुगतान करा लेगा। फिर वह किसी जादू से चीन और पाकिस्तान के बच्चों को डराने के 'बाबा' बना लेगा। बच्चे भूख के कारण रोएँगे, तो वह कहेगा, "चुप, सो जा। बाबा आ रहे हैं। चीन और पाकिस्तान पकड़कर ले जाएँगे।" बच्चे डर से भूख को मारकर सो जाएँगे।

विदेशी फिर कहेगा, "आपके देश की महान संस्कृति है।" अपना कमल कहेगा, "संस्कृति की हड्डी को अब कुत्ते चबाते घूम रहे हैं। संस्कृति की हड्डी कुत्ते का जबड़ा फोड़कर उसका ख़ून उसी को स्वाद से चटवा रही है। हाँ, हम विश्व-बन्धुत्व भी मानते हैं, यानी अपने भाई के सिवा बाक़ी दुनिया-भर को भाई मानते हैं।"

ये कमल अब पुलिस की सुरक्षा में मिलते हैं। यह नई क़िस्म का कमल इस देश में पैदा हुआ है, जो तभी खिलता है, जब आसपास पुलिस हो। वनस्पतिशास्त्रियों को इसका अध्ययन करना चाहिए। नृतत्वशास्त्रियों के काम का यह नहीं है, क्योंकि यह आदमी नहीं, कमल है। कमल सूर्य को देखकर खिलता है, सूर्यास्त पर बन्द हो जाता है। यह नया कमल पुलिस को देखकर खिलता है, पुलिस न दिखे तो मुरझा जाता है। बड़ा सुन्दर दृश्य होता है—आगे पुलिस, पीछे पुलिस, बाएँ पुलिस, दाएँ पुलिस और बीच में यह कमल मुस्कुराता चला जाता है। एक सूखा सरोवर है, जिसमें खाक़ी लहरें उठ रही हैं। खाक़ी लहरों के बीच यह कमल खिलता है।

जब लोग करों को कमल बनाने पर तुले ही हैं तो अपने बारे में चिन्ता हो गई है। कैसे यह रोल निभेगा? एक तो मैं हरगिज अच्छी बातें नहीं कहूँगा। इस देश का आदमी लगातार अच्छी बातों से मारा गया है। बहुत लोगों का ख़याल है कि जवाहरलाल शेरवानी में गुलाब का फूल न खोंसकर भटकटैया खोंसते तो ज़्यादा अच्छा होता। लगातार अच्छी बातों से मारा, सुन्दर फूल से मारा। मैं अगर अपने मुख-कमल से कोरी अच्छी बातें करूँ तो सामने बैठे लोग मुझे फ़ौरन जूता मार दें। मगर बहुतों के पैरों में जूते नहीं हैं, ये क्या मारेंगे? संविधान में जूते मारने का बुनियादी अधिकार तो

होना ही चाहिए। आदमी के पेट में अन्न न हो, शरीर पर कपड़े न हों, पर पाँवों में जूता ज़रूर होना चाहिए, जिससे वह जब चाहे, बुनियादी अधिकार का उपयोग कर सके।

मैं कोई अच्छी बात नहीं कहता। मैं तो 'उद्‌घाटन' को भी बुरा शब्द मानता हूँ। साहित्य में जो अपने को विद्रोही पीढ़ी कहती है, उसके एक संकलन का उद्‌घाटन करने के लिए मुझे बुला लिया गया था। मैंने देखा, वैसा ही सुनहला निमंत्रण-पत्र—उसमें वही 'उपस्थिति में शोभा' बढ़ाने की बात, पुस्तक पर रंगीन काग़ज़ और उस पर बँधा वही रेशमी पीला फीता। इसमें विद्रोही पीढ़ीपन कहाँ है? मैंने माइक हाथ में लेते ही कहा, ''विद्रोही पीढ़ी का उद्‌घाटन समारोह नहीं, 'विस्फोटन' समारोह होना चाहिए। निमंत्रण-पत्र पर होना चाहिए—हमारे काव्य-संकलनों का विस्फोटन अमुक वक़्त पर होगा। तुम्हें आना हो तो आओ वरना ऐसी-तैसी कराओ।'' यह बात तरुणों को अच्छी लगी। बात अच्छी नहीं है न!

सफल कमल होने की मैं पूरी कोशिश करूँगा। सारे हथकंडे सीखूँगा। गुरुओं की कमी नहीं है। एक गुरु को मैंने पिछले साल पा लिया। वे मेरे शहर में एक समारोह का उद्‌घाटन कर रहे थे। बहुत भाव-विभोर होकर बोले, ''अहा, जबलपुर! पुण्यभूमि है। यहाँ की मिट्‌टी में इतिहास बिखरा पड़ा है। यहाँ की धूल चन्दन है। मैं उसे मस्तक से लगाता हूँ।'' उन्होंने ज़ेब से धूल की एक पुड़िया निकाली और कपाल पर लगा ली। साहब, पूरा हॉल मुग्ध हो गया और उन्होंने घंटे-भर भाषण खींच दिया।

मैं उनके पीछे लग गया।

सागर में एक समारोह का उद्‌घाटन करते हुए उन्होंने फिर कहा, ''अहा, सागर! यह पुण्यभूमि है। यहाँ की मिट्‌टी में इतिहास बिखरा पड़ा है। यहाँ की धूल चन्दन है। मैं इसे मस्तक से लगाता हूँ।'' उन्होंने फिर ज़ेब से पुड़िया निकाली और कपाल पर धूल लगा ली।

सागरवाले भी मुग्ध होकर उन्हें सुनते रहे।

फिर वे बरेली पहुँचे। वहाँ वे बोले, ''अहा, बरेली! यह पुण्यभूमि है। यहाँ की मिट्‌टी में इतिहास बिखरा पड़ा है। यहाँ की धूल चन्दन है। मैं इसे मस्तक पर लगाता हूँ।'' पुड़िया निकालकर फिर उन्होंने धूल लगा ली। वे घर से धूल की पुड़िया ज़ेब में डालकर चलते हैं।

यह गुर अच्छा है। मगर यह गुरु के नगर में फेल हो जाता है। शिवकुमार बताता है कि मैं उन्हीं गुरु के शहर गया हुआ था। समारोह की अध्यक्षता वही कर रहे थे। मैंने भावुकता से कहा, ''अहा, यह नगरी पुण्यभूमि है। इसकी मिट्‌टी में इतिहास बिखरा पड़ा है।'' लोग हँसने लगे। मैं पुड़िया निकालकर कपाल पर धूल लगा ही नहीं सका।

तरकीबें कई हैं। एक तरकीब हर मौक़े पर काम नहीं करती। तरकीबें मुझे भी बहुत आती हैं। पर मेरे मित्र फिर कहते हैं, "अपने हाथ एकाएक कमल कैसे हो गए? आख़िर यह क्या हो गया?"

वे ही सोचकर जवाब देते हैं, "हम लोग बुद्धिजीवी हैं। बुद्धिजीवी का रुतबा बढ़ रहा है।"

हाँ, बढ़ तो रहा है। इस देश के बुद्धिजीवी सब शेर हैं, पर वे सियारों की बारात में बैंड बजाते हैं।

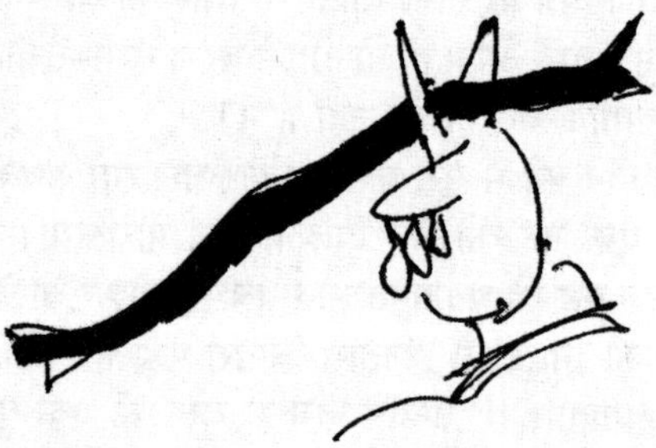

# वह जो आदमी है न!

निन्दा में विटामिन और प्रोटीन होते हैं। निन्दा ख़ून साफ़ करती है, पाचन-क्रिया ठीक करती है, बल और स्फूर्ति देती है। निन्दा से मांसपेशियाँ पुष्ट होती हैं। निन्दा पायरिया का तो शर्तिया इलाज है। सन्तों को परनिन्दा की मनाही होती है, इसलिए वे स्वनिन्दा करके स्वास्थ्य अच्छा रखते हैं, 'मो सम कौन कुटिल खल कामी'—यह सन्त की विनय और आत्मग्लानि नहीं है, टॉनिक है। सन्त बड़ा काइयाँ होता है। हम समझते हैं, वह आत्म-स्वीकृति कर रहा है, पर वास्तव में वह विटामिन और प्रोटीन खा रहा है।

स्वास्थ्य-विज्ञान की एक मूल स्थापना तो मैंने कर दी। अब डॉक्टरों का कुल इतना काम बचा कि वे शोध करें कि किस तरह की निन्दा में कौन-से और कितने विटामिन होते हैं। कितना प्रोटीन होता है। मेरा अन्दाज़ है, स्त्री सम्बन्धी

निन्दा में प्रोटीन बड़ी मात्रा में होता है और शराब सम्बन्धी निन्दा में विटामिन बहुत होते हैं।

मेरे सामने जो स्वस्थ सज्जन बैठे थे, वे कह रहे थे, "आपको मालूम है, वह आदमी शराब पीता है?"

मैंने ध्यान नहीं दिया। उन्होंने फिर कहा, "वह शराब पीता है।"

निन्दा में अगर उत्साह न दिखाओ तो करनेवालों को जूता-सा लगता है। वे तीन बार यह बात कह चुके और मैं चुप रहा, तो तीन जूते उन्हें लग गए। अब मुझे दया आ गई। उनका चेहरा उतर गया था।

मैंने कहा, "पीने दो।"

वे चकित हुए। बोले, "पीने दो? आप कहते हैं, पीने दो?"

मैंने कहा, "हाँ, हम लोग न उसके बाप हैं न शुभचिन्तक। उसके पीने से अपना कोई नुक़सान भी नहीं है।"

उन्हें सन्तोष नहीं हुआ। वे उस बात को फिर-फिर रेतते रहे।

तब मैंने लगातार उनसे कुछ सवाल कर डाले, "आप चावल ज़्यादा खाते हैं या रोटी? किस करवट सोते हैं? जूते में पहले दाहिना पाँव डालते हैं या बायाँ? स्त्री के साथ..."

अब वे 'हीं-हीं' पर उतर आए। कहने लगे, "ये तो प्राइवेट बातें हैं। इनसे क्या मतलब?"

मैंने कहा, "वह क्या खाता-पीता है, यह उसकी प्राइवेट बात है। मगर इससे आपको ज़रूर मतलब है। किसी दिन आप उसके रसोईघर में घुसकर पता लगा लेंगे कि कौन-सी दाल बनी है और सड़क पर खड़े होकर चिल्लाएँगे—वह बड़ा दुराचारी है। वह उड़द की दाल खाता है।"

तनाव आ गया। मैं 'लाइट' हो गया, "छोड़ो यार, इस बात को। वेद में सोमरस की स्तुति में 60-65 मंत्र हैं। सोमरस को पिता और ईश्वर तक कहा गया है। कहते हैं—तुमने मुझे अमर बना दिया। यहाँ तक कहा गया है, अब मैं पृथ्वी को अपनी हथेलियों में लेकर मसल सकता हूँ। ऋषि को ज़्यादा चढ़ गई होगी। चेतन को दबाकर राहत पाने या चेतना का विस्तार करने के लिए सब जातियों के ऋषि किसी मादक द्रव्य का उपयोग करते थे।"

चेतना का विस्तार। हाँ, कई की चेतना के विस्तार देख चुका हूँ। एक सम्पन्न सज्जन की चेतना का इतना विस्तार हो जाता है कि वे रिक्शावाले को रास्ते में पान खिलाते हैं, सिगरेट पिलाते हैं और फिर दुगुने पैसे देते हैं। पीने के बाद वे 'प्रोलेतरियात' हो जाते हैं। कभी-कभी रिक्शावाले को बिठाकर ख़ुद रिक्शा चलाने लगते हैं। वे यों भी भले आदमी हैं। पर कुछ मैंने ऐसे देखे हैं, जो होश में मानवीय हो ही नहीं सकते। मानवीयता उन पर रम के 'किक' की तरह

चढ़ती-उतरती है। इन्हें मानवीयता के 'फिट' आते हैं—मिरगी की तरह। सुना है कि मिरगी जूता सुँघाने से उतर जाती है। इसका उल्टा भी होता है। किसी-किसी को जूता सुँघाने से मानवीयता का फिट भी आ जाता है। यह नुस्खा भी आजमाया हुआ है।

एक और चेतना का विस्तार मैंने देखा था। एक शाम रामविलास शर्मा के घर हम लोग बैठे थे। (आगरावाले डॉ. रामविलास शर्मा नहीं। वे तो दुग्धपान करते हैं और 'प्रात: समय की वायु को सेवन करत सुज्ञान' होते हैं।) यह स्टेट रोडवेज के अपने कवि रामविलास शर्मा है। उनके एक सहयोगी की चेतना का विस्तार कल डेढ़ पेग में हो गया और वे अंग्रेज़ी बोलने लगे। कबीर ने कहा है—'मन मस्त हुआ तब क्यों बोलै।' यहाँ हो गया—"मन मस्त हुआ तब अंग्रेज़ी बोलै।' नीचे होटल से खाना उन्हीं को लाना था। हमने कहा—'अब इन्हें मत भेजो। ये अंग्रेज़ी बोलने लगे।" पर उनकी चेतना का विस्तार ज़रा ज़्यादा ही हो गया था। कहने लगे, "नो सर, नो सर, आई शैल ब्रिंग ब्यूटीफुल मुर्गा।" —अंग्रेज़ी भाषा का कमाल देखिए। थोड़ी ही पढ़ी है, मगर खाने की चीज़ को ख़ूबसूरत कह रहे हैं। जो भी ख़ूबसूरत दिखा, उसे खा गए। यह भाषा रूप में भी स्वाद देखती है। रूप देखकर उल्लास नहीं होता, जीभ में पानी आने लगता है। ऐसी भाषा साम्राज्यवाद के बड़े काम की होती है। कहा, "इंडिया इज़ ए ब्यूटीफुल कंट्री।" और छुरी-काँटे से इंडिया को खाने लगे।

जब आधा खा चुके, तब देशी खानेवालों ने कहा, "अगर इंडिया इतना ख़ूबसूरत है, तो बाक़ी हमें खा लेने दो।" तुमने 'इंडिया' खा लिया। बाक़ी बचा 'भारत' हमें खाने दो।"

अंग्रेज़ ने कहा, "अच्छा, हमें दस्त लगने लगे हैं। हम तो जाते हैं। तुम खाते रहना।"

यह बात 1947 में हुई थी। हम लोगों ने कहा, "अहिंसक क्रान्ति हो गई।"

बाहरवालों ने कहा, "यह ट्रांसफर ऑफ पॉवर है—सत्ता का हस्तांतरण।"

मगर सच पूछो तो यह 'ट्रांसफर ऑफ़ डिश' हुआ—थाली उनके सामने से इनके सामने आ गई। वे देश को पश्चिम सभ्यता के सलाद के साथ खाते थे। ये जनतंत्र के अचार के साथ खाते हैं।

फिर राजनीति आ गई। छोड़िए। बात शराब की हो रही थी। इसके सम्बन्ध में जो शिक्षाप्रद बातें ऊपर कही हैं, उन पर कोई अमल करेगा, तो अपनी 'रिस्क' पर। 'नुक़सान' की ज़िम्मेदार कम्पनी नहीं होगी। मगर बात शराब की भी नहीं, उस पवित्र आदमी की हो रही थी, तो मेरे सामने बैठा किसी के दुराचार पर चिन्तित था।

मैं चिन्तित नहीं था, इसलिए वह नाराज़ और दुखी था।

मुझे शामिल किए बिना वह मानेगा नहीं। वह शराब से स्त्री पर आ गया, "और वह जो है न, अमुक स्त्री से उसके अनैतिक सम्बन्ध हैं।"

मैंने कहा, "हाँ, यह बड़ी ख़राब बात है!"

उसका चेहरा अब खिल गया। बोला, "है न?"

मैंने कहा, "हाँ, ख़राब बात यह है कि उस स्त्री से अपना सम्बन्ध नहीं है।"

वह मुझसे बिल्कुल निराश हो गया। सोचता होगा, कैसा पत्थर है यह आदमी कि इतने ऊँचे दर्जे के 'स्कैंडल' में भी दिलचस्पी नहीं ले रहा। वह उठ गया और मैं सोचता रहा कि लोग समझते हैं कि हम खिड़की हवा और रोशनी के लिए बनवाते हैं, मगर वास्तव में खिड़की झाँकने के लिए होती है।

कितने लोग हैं जो 'चरित्रहीन' होने की साध मन में पाले रहते हैं, मगर हो नहीं सकते और निरे 'चरित्रवान' होकर मर जाते हैं। आत्मा को परलोक में भी चैन नहीं मिलता होगा और पृथ्वी पर लोगों के घरों में झाँककर देखती होगी कि किसका किससे सम्बन्ध चल रहा है।

किसी स्त्री और पुरुष के सम्बन्ध में बात अखरती है, वह अनैतिकता नहीं है, बल्कि यह है कि हाय, उसकी जगह हम नहीं हुए। ऐसे लोग मुझे चुंगी के दारोग़ा मालूम होते हैं। हर आते-जाते ठेले को रोककर झाँककर पूछते हैं—"तेरे भीतर क्या छिपा है?"

एक स्त्री के पिता के पास हितकारी लोग जाकर सलाह देते हैं—"उस आदमी को घर मत आने दिया करिए। वह चरित्रहीन है।"

वे बेचारे वास्तव में शिकायत करते हैं कि पिताजी, आपकी बेटी हमें 'चरित्रहीन' होने का चांस नहीं दे रही है। उसे डाँटिए न कि हमें भी थोड़ा चरित्रहीन हो लेने दे।

जिस आदमी की स्त्री सम्बन्धी कलंक-कथा वह कह रहा था, वह भला आदमी है—ईमानदार, सच्चा, दयालु, त्यागी। वह धोखा नहीं करता, कालाबाज़ारी नहीं करता, किसी को ठगता नहीं है, घूस नहीं खाता, किसी का नुक़सान नहीं करता।

एक स्त्री से उसकी मित्रता है। इससे वह आदमी बुरा और अनैतिक हो गया।

बड़ा सरल हिसाब है अपने यहाँ आदमी के बारे में निर्णय लेने का। कभी सवाल उठा होगा समाज के नीतिवानों के बीच कि नैतिक और अनैतिक, अच्छे और बुरे आदमी का निर्णय कैसे किया जाए। वे परेशान होंगे। बहुत-सी बातों पर आदमी के बारे में विचार करना पड़ता है, तब निर्णय होता है। तब उन्होंने कहा—ज़्यादा झंझट में मत पड़ो। मामला सरल कर लो। सारी नैतिकता को एक छोटे से दायरे में समेट लो।

हर जटिल को इस तरह सरल कर लेना मुझे भी पसन्द है। इसी को 'सहज साधना' कहते हैं।

# राम की लुगाई और ग़रीब की लुगाई

कबीरदास अपने को राम की लुगाई कहते थे। हम ग़रीब की लुगाई हैं। वह राम की लुगाई सबको छेड़ती रही, उसे छेड़ने की किसी को हिम्मत नहीं पड़ी। बड़े की लुगाई का यही रुतबा होता है। मगर ग़रीब की लुगाई, कहावत के मुताबिक, सबकी भौजाई होती है। उसे कोई भी बेखटके छेड़ लेता है, कोई भी उससे चुहल कर लेता है।

हम तो ग़रीब की लुगाई हैं। कोई भी हमें छेड़ लेता है। कोई भी रास्ते में या घर या पराये घर पकड़कर किसी भी तरह का काम करवा लेता है—तबादला, नियुक्ति, तरक्की, झूठा सिर्टिफिकेट दिलाना, ऑक्ट्राय बचाना, परमिट दिलाना, इलाज कराना, प्रेम करवाना, फिर अदालत ले जाना, 'ब्रदर' की शादी लगाना और 'वाइफ' के नम्बर बढ़वाना, कॉलेज में भर्ती करवाना, फिर पेपर आउट करवाना-- तरह-तरह की छेड़खानी। हम आनाकानी नहीं करते, क्योंकि शुरू से, जब और

लोग लेखक बनने के लिए नाक की प्लास्टिक सर्जरी करवा रहे थे, हम ग़रीब की लुगाई बनते गए।

अभी-अभी जो छेड़ने आए थे, हिन्दी के सरकारी अध्यापक हैं। उनकी पत्नी दूसरे शहर में अध्यापिका हैं। डिपार्टमेंट निर्दय है। न उनका तबादला यहाँ करता, न इनका वहाँ—और ये मेघ सिर पर से निकले जा रहे हैं। मगर सरकार के मंसूबे रहस्यमय होते हैं। हिन्दी अध्यापक को प्रिया से दूर रखकर शायद वह वियोग शृंगार का काव्य लिखवाना चाहती है। अकविताओं के कारण शृंगार रस का दिवाला पिट गया है। शृंगार रस को स्टेट सेक्टर में लेना ही पड़ेगा। वीभत्स रस अभी प्राइवेट सेक्टर में पड़ा रहने दो। उसका उत्पादन लक्ष्य से ऊपर ही जा रहा है। अध्यापक ने इस मौसम में एक गीत लिखा है। उस दिन गोष्ठी में गाया था—'फिर किसी की याद आई'। इधर कविता में 'खुलासावाद' चला हुआ है और यह 'किसी की' का पर्दा डालता है। लेखक लड़की से प्रेम करते हैं और फिर उसके प्रेम-पत्र छपवाकर 'ब्लैकमेल' करते हैं। ब्लैकमेल को आजकल विद्रोह भी कहते हैं। इनकी पत्नी इस कविता को सुनेगी, तो पूछेगी—यह कौन चुड़ैल है? यह घबराकर कहेगा—तुम्हीं हो।

वह कहेगी—"फिर मेरा खुलासा नाम बनमाला क्यों नहीं लिया?"

कवि समझाएगा—"बनमाला में मात्रा ज़्यादा है न! गतिभंग भी हो जाता।"

ईमान और मात्रा में चुनाव करना पड़े तो हम मात्रा चुन लेते हैं। मात्रा बराबर हो, ईमान भाड़ में जाए। इस देश का दुर्भाग्य यह हे कि सदियों से यह मात्रा, गति और यति को ठीक रखने में लगा हुआ है। परिवर्तन का आवेग उठता है तो यह फ़ौरन उसे मात्रा, गति और यति में बाँध लेता है। रीति तोड़ना यह जानता ही नहीं है। आज भी कौम के रहनुमा कहते हैं, "क्रान्ति तो होनी ही चाहिए, पर मात्रा, गति और यति न टूटे।"

काज़ी जी वैसे ही बहुत दुबले हैं। देश के अन्देशे में तो मर ही जाएँगे। मैं तो इस अध्यापक से कहना चाहता था—अभागे, ये भादों की रातें और कुल एक गीत! अरे, महाकाव्य लिख! अभी नहीं तो क्या 'मेघदूत' तू तब लिखेगा, जब वह हेडमास्टरनी हो जाएगी! हेडमास्टरनी 'विनय पत्रिका' लिखवाती है—'कबहुँक अब अवसर पाइ। मेरिओ सुधि द्याइबी कछु करुण कथा चलाइ।'

ग़रीब की लुगाई के पास कुछ ख़ास क़िस्म के मनचले आते हैं। एक वह जो कुर्सी पर मुँह लटकाकर बैठ जाता है। पूछता हूँ तो अँगुलियों को उलझाता-सुलझाता भरे गले से कहता है—"बस्तर में फेंक दिया है।" भोपाल या इन्दौर या जबलपुर में पोस्टिंग हो, तो वह 'तबादला' कहलाता है। बस्तर में तबादला हो, तो वह 'फेंक देना' कहलाता है—जैसे शासन ने गुलेल में रखा और जो फेंका तो कर्मचारी बस्तर में गिरा। झाबुआ का तबादला हो तो कर्मचारी कहता है—झाबुआ में डाल दिया है।

मैं बस्तर में फेंके गए और झाबुआ में डाले गए से कहता हूँ—"कोई तो यहाँ फेंका या डाला जाएगा ही। या फिर उधर से स्कूल, अस्पताल, दफ़्तर सब बन्द कर दिए जाएँ।" फेंके और डाले गए कहते हैं—"जिसका 'सोर्स' (ज़रिया) होता है, उसे वहाँ नहीं भेजा जाता।"

सारा मामला 'सोर्स' का है। यह ग़रीब की लुगाई 'सोर्स' है, जो बस्तर और झाबुआ से आदमी को खींच लाती है।

ये तो बेचारे मुसीबतज़दा लोग होते हैं। मगर ग़रीब की लुगाई के पास ऐसे छैला भी आते हैं, जिन्हें कोई कष्ट नहीं है, पर जिनकी तकलीफ़ यह है कि दुनिया के सारे लाभ उन्हें क्यों नहीं मिल रहे हैं। हर फ़ायदे के लिए वे 'सोर्स' ढूँढ़ते फिरते हैं। उस दिन विश्वविद्यालय के एक डीन से वह बात कर रहा था। उसने मुझे पहचाना ही नहीं—वह बड़े आदमी से बात कर रहा था और मैं था छोटा आदमी। बाद में जब उसे पता लगा कि डीन मेरे दोस्त हैं, तो मैं छोटे आदमी से एकदम 'सोर्स' हो गया। वे सुबह घर पधार गए—दर्शनार्थ! वे भेड़ाघाट देख आए थे। मैं रह गया था। इधर दो ही चीज़ें देखने लायक हैं—भेड़ाघाट का जल-प्रपात और मैं मनुष्य-प्रपात। कहने लगे, "हम तो बस आपको पढ़ते हैं। बड़ा आनन्द आता है।" साहित्य के दाँव से मैं बहुत पछाड़ खा चुका हूँ। अब साहित्य के नाम से कोई काम कराना चाहे, तो मैं भरसक उसका काम बिगाड़ने की कोशिश करता हूँ। ख़बरदार!

वे दूसरे शहर में रहते हैं हर साल 'सोर्स' ढूँढ़ने भारत-दर्शन पर निकल पड़ते हैं। कहते हैं—"उधर का काम हो तो बताइए।" मेरा इधर का ही कोई काम नहीं है, उधर का क्या बताऊँ? वे बार-बार उधर का काम पूछते हैं और मैं इन्तज़ार कर रहा हूँ कि ये कब अपना इधर का काम बताते हैं।

यह एक 'टाइप' है। यह बड़ा हिसाबी, जमा हुआ, संयमित आदमी होता है। उसमें कभी कोई अनियमितता, अतिरेक या साहसिकता नहीं होती। जिससे कभी अतिरेक न हो, वह भी क्या आदमी है! सावधान, व्यवस्थित, नियमबद्ध आदमी होता है। उठना, बैठना, सोना, खाना, पीना, सम्बन्ध स्वयं बनाना—सब नियम से होते हैं। पूरी ज़िन्दगी कसे हुए काट देता है। मरने के बाद भगवान इससे पूछेंगे—"तुम्हारे जीवन की विशिष्ट उपलब्धि क्या है?"

यह जवाब देगा—"सर, मैं हर विश्वविद्यालय के पेपर पाता रहा।"

भगवान पूछेंगे, "और?"

यह सोचकर जवाब देगा—"और सर, समय पर नित्य-कर्म के लिए जाता रहा।"

यह सोर्सवाली भुगतान सबको भुगतनी पड़ती है। सोर्स के पास मुझे भी कभी-कभी जाना पड़ता है। अभी एक डिप्टी-कलेक्टर के पास एक मामूली और जायज़ काम

के लिए गया था। यह क्या बात है कि जायज़ काम कराने जाओ तो भी लगता है नाजायज़ काम है, जो सोर्स बिना नहीं होगा। जायज़ और नाजायज़ का भेद मिटा ही दिया गया है। जिस देश में जायज़ काम भी न हो सके, उसमें सारे ही काम नाजायज़ हैं। उनके लिए 'सोर्स' चाहिए। इतनी सोर्सप्रेमी जाति दुनिया में और कोई नहीं है।

डिप्टी कलेक्टर और मेरे उपनाम ऐसे हैं जो होशंगाबाद और खंडवा ज़िलों में ही होते हैं। मूल वही है। मैंने कहा, "आप भी हरदा–टभरनी के हैं?" आँखें उनकी चमकीं। बोले—"आप भी तो वहीं के हैं। मैं तो नाम से ही समझ गया था।"

मैंने 'सोर्स' के रूप में उनकी क़ीमत जाँची और उन्होंने भविष्य के कामों के लिए मेरी। तब घोर वात्सल्य का वातावरण बना। लगा, मैं उनकी माँ हूँ और वे मेरी माँ हैं और दोनों के हृदय से ममता उमड़ पड़ रही है।

राष्ट्रीय पक्षी मोर है, राष्ट्रीय पशु शेर। यों इन पदों पर कौआ और सुअर का भी क्लेम था, पर मोर और शेर ने सोर्स भिड़ा लिया। राष्ट्रीय फूल कमल है और राष्ट्रीय फल आम (कद्दू क्यों नहीं?), मगर राष्ट्रीय पुरुष कौन? यानि ऐसा पुरुष, जिसमें इस जाति का प्रतिनिधि और सर्वव्यापी गुण हो।

मैंने इस राष्ट्रीय पुरुष की कल्पना की है। यह राष्ट्रीय पुरुष कपाल पर सोर्सों की लिस्ट चिपकाये हर दफ़्तर के सामने खड़ा होकर चिक उठाकर भीतर झाँकता है।

यह राष्ट्रीय पुरुष वन में चिन्तन करते बुद्ध को मिला होगा। पूछा होगा, "महाराज, यह क्या सोच रहे हो?" बुद्ध ने कहा होगा, "सोच रहा हूँ कि मनुष्य का जीवन दुखमय है। दुख से छुटकारा कैसे मिले?"

राष्ट्रीय पुरुष ने कहा होगा, "बिल्कुल ठीक सोच रहे हो, महाराज। देखिए न, मेरा प्रमोशन रुका है और मेरा जीवन दुखमय है। दुख से छुटकारा हो सकता है, अगर आप एक चिट्ठी अपने पिताजी के लिए लिख दें।"

"ठीक लाइन पकड़ी है आपने। इसी लाइन पर चलते जाइए।"

राष्ट्रीय पुरुष राम को भी वन में मिला होगा। कहा होगा, "महाराज, अपनी हवेली बन रही है। ज़रा जंगल साहब से कह दीजिए न, थोड़ी लकड़ी काट लेने दें।"

राष्ट्रीय पुरुष सोर्स ढूँढ़ता और चिक उठाता घूम रहा है। मंत्री से लाइसेन्स लेता है, कलेक्टर से मकान एलाट कराता है, फूड अफ़सर से शक्कर का परमिट ले लेता है, प्रोफेसर से लड़के के नम्बर बढ़वाता है, प्रिन्सिपल से भर्ती करवाता है, पुलिस अफ़सर से मामला उठवाता है, नजूल अफ़सर से ज़मीन लेता है, विधायक से सिफारिश करवाता है।

राष्ट्रीय पुरुष किसी की शवयात्रा में मरघट जाता है। वहाँ शवदाह के लिए कार्पोरेशन की तरफ़ से इन्तज़ाम है। सैकड़ों मन लकड़ी पड़ी है, जिसे ख़रीदकर मुर्दा जलाया जाता है। मरघट का इन्चार्ज है—रामदीन।

राष्ट्रीय पुरुष पहचान लेता है—"अरे रामदीन, तुम इधर?"

रामदीन कहता है—"हाँ, इधर की ही ड्यूटी है।"

राष्ट्रीय पुरुष कहता है—"सैकड़ों मन लकड़ी पड़ी है। इसमें से दो-चार मन चली भी जाए तो कौन देखता है।"

रामदीन चुप रहता है।

राष्ट्रीय पुरुष सोचता है। उसके चेहरे पर चमक आती है। कहता है—"यार रामदीन, एक दिन मरना तो है ही। बाद में मरकर आया और तू नहीं हुआ तो लकड़ी की क़ीमत लग जाएगी। तू तो मुझे अभी जला दे।"

राष्ट्रीय पुरुष को मरघट में 'सोर्स' मिल गया, तो मुफ्त की लकड़ी में ज़िन्दा जल मरे।

# सद्‌गुरु का कहना है

किसी का हज़ार में भी नहीं कटता, अपना फ़ोन कुल दो सौ में कट गया था। पानीदार ऐसे ही होते हैं। बड़ी आनबान वाला था। लगने के बाद पहला ही बिल देखा और दम तोड़ दिया। ऐसा नहीं था कि बिल पर बिल लात मारे जाते हैं, रिमाइंडर मुँह पर थूकते जाते हैं और घनघनाते हुए जिये जा रहे हैं।

अपना फ़ोन ऐसा बेशर्म नहीं। इसने आते ही अपने मालिक की प्रकृति पहचान ली। समझ लिया कि मालिक बिल बर्दाश्त नहीं करता। ज्यों ही बिल आया, उसने इस असार संसार से कूच का डंका बजा दिया।

किसी का हज़ार में भी नहीं कटता, अपना कुल दो सौ में कट गया। कोई दस साल इन्कम-टैक्स न देकर भी बाइज़्ज़त मंत्री बना रहता है और पोल खुल जाने के तुरन्त बाद हँसते हुए फ़ोटो खिंचाता है। प्रधानमंत्री दस साल नहीं देनेवाले को लाड़ से 'भुलक्कड़' कह देती हैं। एक साल नहीं देनेवाला बेईमान कहलाता है।

सद्गुरु का कहना है—''बेटा, जो भी करना है 'लार्ज स्केल' पर कर, चाहे उद्योग हो, चाहे बेईमानी और हमेशा किसी की छाया में कर।''

बड़ों की झंझट में यह छोटा मारा गया। दिल्ली बड़ा शहर है। बड़े शहर के कुछ बड़ों पर हज़ारों के बिल बकाया थे। संसद में बैठनेवाले दूसरे बड़ों ने सवाल उठा दिए कि इनके फ़ोन क्यों नहीं कटते? डिपार्टमेंट में हलचल मच गई और छोटे शहर में छोटों के फ़ोन कटने लगे। पिछले साल विधानसभा में सदस्यों ने शिकायत की थी कि एक मंत्री का भयंकर कुत्ता राहगीरों को काटता है, उसे गोली क्यों न मार दी जाए। नतीजा यह हुआ कि मेरे मुहल्ले के मरियल पिल्ले मार डाले गए। जिस बड़े कुत्ते पर सवाल उठे थे, वह अभी भी राहगीरों को काट रहा है। शासन का घूँसा किसी बड़ी और पुष्ट पीठ पर उठता तो है, पर न जाने किस चमत्कार से बड़ी पीठ खिसक जाती है और किसी दुर्बल पीठ पर घूँसा पड़ जाता है।

सद्गुरु का कहना है—''बेटा, तंत्र कोई भी हो, अपनी पीठ पर हमेशा वेसलीन चुपड़े रहो। घूँसा तुम्हारी पीठ से फिसलकर किसी सूखी पीठ पर पड़ जाएगा।''

स्पन्दनहीन, शान्त यह फ़ोन की लाश पड़ी है। इसके कलेजे पर कान रखता हूँ—टिक-टिक बन्द हो गई है। ओम शान्ति, शान्ति, शान्ति! यह मुझे मरे हुए कुत्ते-जैसा लगता है, पंजों के बीच सिर रखे हुए लुढ़क गया है। पिल्ले, आख़िर तू डिपार्टमेंट बहादुर के ट्रक के सामने क्यों आ गया? कोई पट्टेवाला अलसेशियन होता तो ड्राइवर बचाकर जाता, पर तुझ मरियल पिल्ले को कुचलकर निकल गया।

इसकी प्राण-रक्षा की कोशिश वैसे काफ़ी हुई थी—मगर धर्मादा अस्पताल में जितनी होती है उतनी ही। उस दिन के राशिफल से मैं जान गया था कि आज कुछ बुरा होगा। लिखा था—प्रियजनों पर संकट के योग हैं। मेरा अन्दाज़ था, वार्निंग आएगी। पर दोपहर को एक्सचेंज और दफ़्तर से हितैषियों के फ़ोन आने लगे कि चार बजे कट जाएगा, चेक ही दे दीजिए। मैं जवाब देता रहा—''कट जाने दो।'' पैसे कम हों, तो आदमी परमहंस हो जाता है। सच्चा संन्यासी पैसे की तंगी का शुभ परिणाम है। फ़ोन पर फ़ोन, जल्दी कुछ करिए। मुझे लगा, शहर पर कोई संकट आ गया। मैंने कहा—''मैं तो परेशान नहीं हूँ, तुम क्यों परेशान होते हो। कट जाने दो। फिर लग जाएगा।'' हितैषियों ने मान लिया कि यह बड़ा 'मट्ठर' आदमी है।

मेरा एक पत्रकार मित्र भी फ़ोन लगाए बैठा है। उसका भी कट रहा था। उसने भर-दोपहर में दौड़-धूप करके पैसा जमा कर दिया। उसका भी कट जाता तो मेरा दुख आधा रह जाता, पर उसने मित्र का कर्त्तव्य नहीं निभाया। शाम को मिला तो बोला, ''तुमने फ़ोन कटने की कोई परवाह ही नहीं की!''

मैंने कहा, "मैं कोई आढ़तिया हूँ, या सट्टा खिलाता हूँ, जो फ़ोन बिना धन्धा चौपट हो जाएगा?"

उसने कहा, "फिर भी फ़ोन का कटना ज़रा वैसी बात है।"

मैंने कहा, "मैं समझ गया। इज़्ज़त का सवाल न? वह तुम्हारी बुर्जुआ 'रिस्पेक्टेबिलिटी' है, जो भर-दोपहर में तुमसे जूते घिसवाती रही।"

अपनी इज़्ज़त की क्या रखवाली करूँ? किसकी इज़्ज़त इस देश में सुरक्षित है? साहित्य, कला, संगीत के परकोटे इज़्ज़त के आसपास उठा दो, तो उनमें भी सुरंग लग जाती है। रसूलन बाई संगीत-साधिका हैं। उनके दादरा और ठुमरी पर सब झूमते हैं। वे पद्मश्री हैं। इज़्ज़तदार हैं। मगर अहमदाबाद के दंगे में उनका घर जला दिया गया, क्योंकि वे रसूलन बाई हैं रामकली बाई नहीं। और उन्होंने भागकर जान बचाई, वरना वे मार डाली जातीं। उनके कंठ के दादरा और ठुमरी भी मार डाले जाते। जिनका कंठ है वह रसूलन है, रामकली नहीं। जल्दी ही इस देश में हिन्दू ठुमरी, मुस्लिम ठुमरी और सिख ठुमरी होगी। अकाली दादरा और द्रमुक दादरा भी हो सकता है।

मुक्तिबोध कहते थे, "पार्टनर, रिस्पेक्टेबिलिटी की ऐसी-तैसी।" वे और भी कहते थे—"पार्टनर, चारों तरफ़ देखो, सफलता की चाँदनी रात में उल्लू बोल रहे हैं।"

आप कितने भी बेपरवाह हों, इज़्ज़त बचाने वाले पीछा नहीं छोड़ेंगे। लेने वाले हैं तो बख़्शने वाले भी हैं। जब कोई मेरा नम्बर माँगता, तो कह दिया जाता, "फ़ोन ख़राब है या बाहर गए हैं।"

मुझे जो मिलने आते, कहते—"फ़ोन में कुछ ख़राबी आ गई।"

मैं ठंडाई से कह देता, "नहीं, बिल नहीं चुकने से कट गया है।"

कोई आदमी सही बात जानते हुए भी मुझ पर कृपा करके कहता—"आप कहीं बाहर चले गए थे।"

मैं कहता, "नहीं, फ़ोन कट गया है।"

वे निराश होते, सोचते—"हम तो तेरी इज़्ज़त बचाने की कोशिश कर रहे हैं। तुझे ही मंजूर नहीं है तो जा भाड़ में।"

परिवार के लोग कुढ़ते, "जब कोई कह रहा है कि फ़ोन ख़राब हो गया है, तो अपनी तरफ़ से क्यों कहना कि कट गया है।"

मगर इसमें भी एक तरकीब है। सद्गुरु का कहना है, "बेटा, बेइज़्ज़ती को खोल दो तो वह इज़्ज़त हो जाती है। जूते पड़ गए हैं, इस बात को छिपाओगे तो बदनामी फैलेगी। ख़ुद ही कहते फिरोगे, तो बदनामी करनेवालों की सेवा की ज़रूरत नहीं पड़ेगी और इज़्ज़त रह जाएगी।"

मैंने एक तरकीब और की। जब फ़ोन कटने की बात उठती तो मैं एक सम्पन्न बन्धु का नाम और जोड़ देता, "हाँ, देखो न, बेचारे नायर का भी कट गया था।"

जब मैं कई लोगों से कह चुका, तब वह एक दिन गुस्से में बोला, "तुम लोगों से यह क्यों कहते हो कि मेरा फ़ोन कट गया था?"

मैंने कहा, "मैं तो यह कहता हूँ कि सिर्फ़ मेरा ही नहीं, तुम्हारा भी कट गया था।"

उसने कहा, "तुम अपनी ही कहो न, मुझे क्यों घसीटते हो? हमारी बेइज़्ज़ती होती है न!"

मैंने कहा, "उसमें एक सिद्धान्त है। सद्‌गुरु का कहना है, 'बेइज़्ज़ती में अगर दूसरे को भी शामिल कर लो, तो अपनी आधी इज़्ज़त बच जाती है।' मैं तुम्हारे सहारे अपनी आधी इज़्ज़त बचाता हूँ, तुम मेरे सहारे आधी बचाओ।"

दिलचस्प है, इज़्ज़त का मामला। प्रतिष्ठित होने का एहसास करने के लिए आदमी न जाने क्या-क्या करता है। सदर में उच्चवर्गियों के लिए मशहूर दुकान है—'मॉडर्न स्टोर्स'। कभी अंग्रेज़ अफ़सरों के लिए खुली थी। दुकान में सब अंग्रेज़ी बोलते हैं। एक मध्यवर्गीय बन्धु दो मील रिक्शा में वहाँ चले जाते हैं। ख़रीदना क्या है? झाड़ू। मगर ख़रीदेंगे 'मॉडर्न स्टोर्स' से। जब वे झाड़ू ख़रीदने 'मॉडर्न स्टोर्स' जाते हैं, तो अपनी इज़्ज़त को बहुत बढ़ी हुई पाते हैं। और हम सब साधारण दुकानों से झाड़ू ख़रीदनेवाले उन्हें बेहद घटिया हिन्दुस्तानी लगते हैं। रिक्शा-किराया दो रुपया ख़र्च करके पचास पैसे में 'मॉडर्न स्टोर्स' से लाई गई झाड़ू जब फ़र्श पर चलती है तो उन्हें लगता है, वे ताजमहल में रह रहे हैं और बेग़म सलमा सोने की झाड़ू से संगमरमर बुहार रही है।

दिल्ली में जनपथ पर ईस्टर्न कोर्ट के दफ़्तर से लंच टाइम में बाहर निकली टाइपिस्ट लड़की से युवा मित्र कहता है, "पाँचे बजे। गेलार्ड! टिल देन..." वह भी कहीं क्लर्क है। वह तनख़्वाह का कम-से-कम दसवाँ हिस्सा ऐसे महँगे होटल में ख़र्च करेगा—इज़्ज़त के लिए, प्रतिष्ठित दिखने के लिए। वहाँ एक रुपये की कॉफ़ी के साथ पाँच रुपये की इज़्ज़त भी मिलती है।

और एक साहब पाइप और कुत्ते के सहारे बाइज़्ज़त ज़िन्दगी जी रहे हैं। उनके बँगले के फाटक पर एक तरफ़ उनका नेमप्लेट लगा है—आर.के. दास। दूसरी तरफ़ बोर्ड लगा है—कुत्ते से सावधान! दोनों बोर्डों को एक साथ पढ़ने पर अजब अर्थ निकलता है। बहुत दिनों तक मैं इसी धारणा में रहा कि मुझे दास साहब से

सावधान रहना चाहिए। यों उनके मातहत कर्मचारी कहते हैं कि दोनों बोर्ड अपनी जगह सही हैं, पर एक दिन मैं उनके घर किसी काम से चला गया। एक लाइन में दस-बारह पाइप रखे थे। वे एक पाइप साफ़ कर रहे थे और अपने कुत्ते की 'सेक्स लाइफ' का वर्णन कर रहे थे। तीन-चार लोग सुन रहे थे। मैं भी सुनने लगा। वे उस वक़्त पाइप और कुत्ते के सहारे बहुत-बहुत रिस्पेक्टेबिल हो गए थे।

इज़्ज़त बड़ी मशक्कत लेती है। न जाने क्या-क्या करवाती है। अपनी इज़्ज़त जब जमती दिखती है, तब हम चौराहे के ठेले पर पकौड़े खाते दिख जाते हैं या कोई नोटिस बुलवा लेते हैं। साल के पहले की उधारी वसूलने जब दुकानदार का दूत चार-छह बार आया और मैंने हर बार टाला, तो एक दिन वह बड़ा खिन्न होकर बोला, "आप जैसे इज़्ज़तदार आदमी से तगादा करने में हमें ख़ुद शर्म महसूस होती है।"

मैंने ख़ुश होकर कहा, "बस, बस, यही सुनने के लिए मैं रुपये नहीं दे रहा था। अब ले जाओ।"

उसने ज़रा हकबकाकर पूछा, "इसका क्या मतलब?"

मैंने कहा, "मतलब यह कि मैं जाँच करना चाहता था कि अभी भी इज़्ज़त वक़्त पर बिल चुकाने पर निर्भर है या नहीं।"

है। अभी वहीं खड़ी है इज़्ज़त की सवारी। सद्‌गुरु का कहना है—"बेटा, मैदान से भागकर शिविर में आ बैठने की सुखद मजबूरी का नाम इज़्ज़त है। इज़्ज़तदार ऊँचे झाड़ की ऊँची टहनी पर दूसरे के बनाए घोसले में अंडे देता है।"

# हम बिहार में चुनाव लड़ रहे हैं

पाठको, मैं वह हरिशंकर परसाई नहीं हूँ, जो व्यंग्य वगैरह लिखा करता था। मेरे नाम, काम, धाम, सब बदल गए हैं। मैं राजनीति में 'शिफ्ट' हो गया हूँ। बिहार में घूम रहा हूँ और मध्यावधि चुनाव लड़ने की तैयारी कर रहा हूँ।

अब मेरा नाम है—बाबू हरिशंकर नारायण प्रसाद सिंह।

याद रखिएगा न? नहिं न भूलिएगा?

हँसिएगा नहीं। हम नया आदमी है न। अभी, सुद्ध भासा सीख रहे हैं। जैसा बनता है न, वैसा कोहते हैं।

मैं बिहार की जनता की पुकार पर ही बिहार आता हूँ। जनता की पुकार राजनीतिज्ञों को कैसे सुनाई पड़ जाती है, यह एक रहस्य है धन्धे का, नहीं बताऊँगा।

जनता की पुकार कभी-कभी, मेमने की पुकार जैसी होती है। वह पुकारता है माँ को और आ जाता है भेड़िया। मेमना चुप रहे तो भी कभी भेड़िया पहुँचकर कहता है, "तूने मुझे पुकारा था?"

मेमना कहता है, "मैंने तो मुँह ही नहीं खोला।"

भेड़िया कहता है, "तो मैंने तेरे हृदय की पुकार सुनी होगी।"

बिहार की जनता कह सकती है, "हमने तुम्हें नहीं पुकारा। हमें तुम्हारे द्वारा अपना उद्धार नहीं करवाना। तुम क्यों हमारा भला करने पर उतारू हो?"

मैं कहूँगा, "मैंने दूर मध्य प्रदेश में तुम्हारे हृदय की पुकार सुन ली थी। वहाँ मध्यावधि चुनाव नहीं हो रहे हैं, इसलिए वहाँ की जनता की सेवा मैं नहीं कर सकता। और बिना सेवा किए जीवित नहीं रह सकता। तुम राजी नहीं होओगे, तो बलात सेवा कर लूँगा। सेवा का बलात्कार! समझे?"

अकेला मैं ही नहीं, भगवान् श्रीकृष्ण भी बिहार की जनता का उद्धार करने आ पहुँचे हैं। बिहार की बाढ़, सूखा और महामारी से पीड़ित जनता! अकाल से पीड़ित जनता!

एक दिन मेरी कृष्ण भगवान् से भेंट हो गई। मैंने पहचान लिया—वही मोर-मुकुट, पीताम्बर और मुरली!

मैंने कहा, "भगवन् कृष्ण हैं न!"

वे बोले, "हाँ, वही हूँ, पर मेरा नाम अब भगवान् बाबू कृष्णनारायण प्रसाद सिंह हो गया है। कृष्णबाबू भी कह सकते हैं।"

मैंने कहा, "भगवन्, क्या गोरक्षा-आन्दोलन का नेतृत्व करने पधारे हैं? चुनाव आ रहा है, तो गोरक्षा होगी ही। आप तो गोरक्षा-आन्दोलन के जरिए पॉलिटिक्स में घुस जाएँगे।"

कृष्ण ने कहा, "नहीं, उस हेतु नहीं आया। गोरक्षा-आन्दोलन आम चुनाव के काम का है। मध्यावधि छोटे चुनाव में तो 'मूषक-रक्षा-आन्दोलन' से भी काम चल जाएगा। मूषक-रक्षा में गणेशजी की रुचि हो सकती है, अपनी नहीं।"

मैंने कहा, "तो फिर आपको रामसेवक यादव ने बुलाया होगा—यादवों के वोट संसोपा को दिलवाने के लिए?"

कृष्ण खीझ पड़े। बोले, "मुझे भी तो बताने दो। मैं बिहार की जनता की पुकार पर आया हूँ।"

मैंने कहा, "आपको भ्रम हो गया, भगवन्! वे तो कृष्णवल्लभ सहाय के समर्थक थे, जो उन्हें टिकट देने के लिए ऐसी ज़ोर की आवाज़ लगा रहे थे कि दिल्ली में कांग्रेस हाईकमान को सुनाई पड़ जाय। वे कृष्णवल्लभ बाबू का नाम ले रहे थे, आप समझे जनता आपको पुकार रही है।"

कृष्ण ने कहा, "नहीं, मैंने ख़ुद सुना, जनता कह रही थी—हे भगवान्, अब्र तो तेरा ही सहारा है? तू ही उद्धार कर सकता है! इसी आर्त्त पुकार को सुनकर मैं आ गया।"

ऐसा हो सकता है। बात यह है कि चौथे चुनाव के बाद सिर्फ़ भगवान् की सत्ता ही स्थिर है। बिहार के मुसीबतज़दा लोग पटना में एक सरकार से अपील करते, तब

तक दूसरी सरकार आ जाती। हो सकता है, उन्होंने ईश्वर की एकमात्र स्थिर सरकार से गुहार की हो।

मैंने कहा, "ठीक किया जो आप आ गए। अब इरादा क्या करने का है?"

उन्होंने कहा, "मेरा तो घोषित कार्यक्रम है, त्रिसूत्री—साधुओं को परित्राण, दुष्कर्मियों का नाश और धर्म की संस्थापना।"

मैंने पूछा, "कोई आर्थिक कार्यक्रम वग़ैरह।"

वे बोले, "नहीं, बस वही त्रिसूत्री कार्यक्रम है।"

मैंने पूछा, "यहाँ के राजनीतिज्ञों में कोई साधु मिले?"

"एक भी नहीं।"

"और असाधु?"

"एक भी नहीं। हर एक अपने को साधु और दूसरों को असाधु कहता है। किसका नाश कर दूँ, समझ में नहीं आता?"

इसी वक़्त मुझे ख़याल आया कि इनके हाथ में सुदर्शन चक्र तो है नहीं, नाश कैसे करेंगे। मैंने पूछा, तो कृष्ण ने बताया, "चक्र घर में रखा है, क्योंकि उसका लाइसेंस नहीं है। फिर इधर अभी से धारा 144 लगी हुई है।"

मैंने उन्हें समझाया, "भगवन्, अगर सुदर्शन चक्र का लाइसेंस मिल जाय, तो भी किसी को मारने पर दफ़ा 302 में फँस जाएँगे।"

कृष्ण पसोपेश में थे। कहने लगे, "फिर धर्म की संस्थापना कैसे होगी?"

मैंने कहा, "धर्म की संस्थापना तो साम्प्रदायिक दंगों से हो रही है। आप एक हड्डी का टुकड़ा उठाकर मन्दिर में डाल दीजिए और हिन्दू धर्म के नाम पर दंगा करवा दीजिए। धर्म का उपयोग तो अब दंगा करने के लिए ही रह गया है। आपके विचार काफ़ी पुराने पड़ गए हैं। हम लोग तो दुष्कर्मियों का परित्राण करने के लिए ही यह व्यवस्था चला रहे हैं। सबसे असुरक्षित तो साधु ही हैं।"

भगवान् कृष्ण को मैंने फिर समझाया, "आप संसदीय लोकतंत्र में घुसे बिना जन का उद्धार नहीं कर सकते। आप चुनाव लड़िए और इस राज्य के मुख्यमंत्री बन जाइए। रुक्मिणीजी को बुला लीजिए। जिस टूर्नामेण्ट का आप उद्घाटन करेंगे, उसमें वे पुरस्कार-वितरण करेंगी। घर के ही एक जोड़ी 'कर-कमलों' से दोनों काम हो जाएँगे।"

बड़ी मुश्किल से उनके सामन्ती संस्कारों के गले में लोकतंत्र उतरा। इससे ज़्यादा आसानी से तो दरभंगा-नरेश बाबू कामाख्यानारायण सिंह लोकतंत्री हो गए थे।

कृष्ण को चुनाव के मैदान में उतारने में मेरा स्वार्थ था। राजनीति में नया-नया आया हूँ। पहले किसी बड़ी हस्ती का 'चमचा' बनना ज़रूरी है। 'दादा' को 'चमचा' चाहिए और चमचे को दादा। दादा मुख्यमंत्री, तो चमचा गृहमंत्री। मैंने सोचा, लोग शंकराचार्य को अपनी तरफ़ ले रहे हैं, मैं साक्षात् भगवान् कृष्ण के साथ हो जाऊँ।

हम लोगों ने तय किया कि पहले अपने पक्ष में जनमत बनाएँ और फिर राजनीतिक पार्टियों से तालमेल बिठाएँ। हम लोगों से मिलने निकल पड़े। मैं तो चमचा था। भगवान् का परिचय देकर चुप हो जाता। जिन्होंने बहस कर-करके अर्जुन को अनचाहे लड़वा दिया था, वे तर्क से लोगों को ठीक कर देंगे—ऐसा मुझे विश्वास था। पर धीरे-धीरे मेरी चिन्ता बढ़ने लगी। कृष्ण की बात जम नहीं रही थी।

कुछ राजनीति करनेवालों से बातें हुईं। कृष्ण ने बताया कि चुनाव लड़ रहा हूँ।

वे बोले, "हाँ-हाँ, आप क्यों न लड़िएगा। आप भगवान् हैं। आपका नाम है। आपका भजन होता है। आप नहीं लड़िएगा, तो कौन लड़ेगा, आप तो यादव हैं न ?"

कृष्ण ने कहा, "मैं ईश्वर हूँ। मेरी कोई जाति नहीं है।"

उन्होंने कहा, "देखिए न, इधर भगवान् होने से तो काम नहीं न चलेगा। आपको कोई भोट नहीं देगा। जात नहीं रखिएगा, तो कैसे जितिएगा ?"

जाति के इस चक्कर से हम परेशान हो उठे—भूमिहार, कायस्थ, क्षत्रिय, यादव होने के बाद ही कोई कांग्रेसी, समाजवादी या साम्यवादी हो सकता है। कृष्ण को पहले यादव होना पड़ेगा, फिर चाहे वे मार्क्सवादी हो जाएँ।

कृष्ण इस जातिवाद से तंग आ गए। कहने लगे, "ये सब पिछड़े लोग हैं। चलो विश्वविद्यालय चलें। हमें प्रबुद्ध लोगों का समर्थन लेकर इस जातिवाद की जड़ें काट देनी चाहिए।"

विश्वविद्यालय में राजनीति के प्रोफ़ेसर से हम बातें कर रहे थे। उन्होंने साफ़ कह दिया, "मैं कायस्थ होने के नाते, कायस्थों का ही समर्थन करूँगा।"

कृष्ण ने कहा, "आप विद्वान् होकर भी इतने संकीर्ण हैं ?"

प्रोफ़ेसर ने समझाया, "देखिए न, विद्या से मनुष्य अपने सच्चे रूप को पहचानता है। हमने विद्या प्राप्त की, तो हम पहचान गए कि हम कायस्थ हैं।"

कृष्ण घबराकर एक पेड़ की छाँह में लेट गए। कहने लगे, "सोचते हैं, लौट जाएँ। जहाँ भगवान् को भगवान् होने के कारण एक भी वोट न मिले, वहाँ अपने से राजनीति नहीं बनेगी।"

उधर कृष्ण के राजनीति में उतरने की बात ख़ूब फैल गई थी और राजनीतिक दल सतर्क हो गए थे। जनसंघ का ख़्याल था कि गोपाल होने के कारण बहुत करके कृष्ण अपना साथ देंगे, पर अगर विरोध हुआ तो उसकी तैयारी कर लेनी चाहिए। उन्होंने कथावाचकों को बैठा दिया था कि पोथियाँ देखकर कृष्ण की पोलें खोजो। गड़बड़ करेंगे, तो चरित्र-हनन कर देंगे।

चरित्र-हनन शुरू हो गया था। कानाफूसी चलने लगी थी। कृष्ण शीतल छाँह में सो गए थे। मैं बैठा था। तभी एक आदमी आया। मेरे कान में बोला, "यह भगवान् श्रीकृष्ण हैं न ?"

मैंने कहा, "हाँ। देखो क्या रूप है!"

उसने कहा, "एक बात बताऊँ। किसी से कहिएगा नहीं। इनकी 'डब्ल्यू' का मामला बड़ा गड़बड़ है। भगाई हुई है। रुक्मिणी नाम है। बड़ा दंगा हुआ था, जब उन्होंने रुक्मिणी को भगाया था। सबूत मिल गए हैं। पोथी में सब लिखा हुआ है। जो किसी लड़की को भगा लाया, वह अगर शासन में आ गया, तो हमारी बहू-बेटियों की इज़्ज़त का क्या होगा?"

कृष्ण उठे, तो मैंने कहा, "प्रभु, आपका 'करेक्टर एसेसिनेशन' शुरू हो गया। अब या तो आप चुनाव में हिम्मत से कूदिए, या मुझे छोड़िए। मैं कहीं अपना तालमेल बिठा लूँगा। आपके साथ रहने से मेरा भी राजनीतिक भविष्य ख़तरे में पड़ जाएगा।"

कृष्ण का दिमाग़ सो लेने से खुल गया था। वे बड़े विश्वास से बोले, "एक बात अभी सूझी है। यहाँ मेरे कई हज़ार पक्के समर्थक हैं, जिन्हें मैं भूल गया था। मेरे हज़ारों मन्दिर हैं। उनके पुजारी तो मेरे पक्के समर्थक हैं ही। मैं उन हज़ारों पुजारियों के दम पर सारी सीटें जीत सकता हूँ। चलो, पुजारियों से बात कर लें।"

हम एक मन्दिर में पहुँचे। पुजारी ने कृष्ण को देखा, तो ख़ुशी से पागल हो गया। नाचने लगा। बोला, "धन्य भाग! जीवन-भर की पूजा सफल हो गई। भगवान् को साक्षात् देख रहा हूँ!"

कृष्ण ने पुजारी को बताया कि वे चुनाव लड़नेवाले हैं। वोट दिलाने की ज़िम्मेदारी पुजारी की होगी।

पुजारी ने कहा, "आप प्रभु हैं, भोट की आपको कौनो कमी है!"

कृष्ण ने कहा, "फिर भी पक्की तो करनी पड़ेगी, तुम तो वोट मुझे ही दोगे न?"

पुजारी ने हाथ मलते हुए कहा, "आप मेरे आराध्य हैं, प्रभु हैं, पर भोट का ऐसा है कि वह तो जातवाले को ही जाएगा। जात से कोई खड़ा न होता, तो हम ज़रूर आपको ही भोट देते।"

कृष्ण की इतनी दीन हालत तब भी नहीं हुई होगी, जब शिकारी का तीर उन्हें लगा था। कहने लगे, "अब सिवा भूदान-आन्दोलन में शामिल होने के कोई रास्ता नहीं है। जिसका अपना पुजारी धोखा दे जाए, ऐसे पिटे हुए राजनीतिज्ञ के लिए या तो भारत सेवक समाज है, या सर्वोदय। चलो बाबा के पास।"

मैंने कहा, "अभी वह स्टेज नहीं आई। अभी तो हम एक भी चुनाव नहीं हारे। पाँच-पाँच बार चुनाव हारकर भी लोग सर्वोदय में नहीं गए। चलिए, राजनीतिक दलों से बातचीत करें।"

पहले हम कांग्रेस दफ़्तर गए। वहाँ बताया गया कि यहाँ कांग्रेस है ही नहीं। मंत्री ने कहा, "इधर तो कृष्णवल्लभ बाबू हैं, महेश बाबू हैं, रामखिलावन बाबू हैं, मिसरा

बाबू हैं, कांग्रेस तो कोई नहीं है। और फिर कांग्रेस से मिलकर क्या करिएगा। जो गुट सरकार में चला जाता है, वह कांग्रेस रह जाता है। जो सत्ता में नहीं रहता, वह कांग्रेस भी नहीं रहता। कांग्रेस कौन है, यह तो चुनाव के बाद ही मालूम होगा। कांग्रेस अब सरकार नहीं बनाती, सरकार गिराती है। आप चुनाव लड़िए। अगर आपके साथ चार-पाँच विधायक भी हों, तो हमारे पास आइए। आपकी ही 'मेजॉरिटी' बनाकर आपकी सरकार बनवा देंगे। हमने मण्डल की सरकार बनवाई थी न।''

हम संसोपा के पास गए। उन लोगों ने पहले परीक्षा ली। जब हमने कहा कि जवाहरलाल जो गुलाब का फूल शेरवानी में लगाते थे, वह काग़ज़ का होता था, तो वे लोग बहुत ख़ुश हुए। कहने लगे, ''बड़े क्रान्तिकारी विचार हैं आपके। देखो, यह नेहरू देश को कितना बड़ा धोखा देता रहा।''

मैंने कहा, ''हम लोग समाजवादी होना चाहते हैं।''

वे बोले, ''समाजवादी होना उतना ज़रूरी नहीं है, जितना ग़ैर-कांग्रेसी होना। डाकू भी अगर कांग्रेस-विरोधी है, तो बड़े-से-बड़े समाजवादी से श्रेष्ठ है।''

कृष्ण ने कहा, ''लेकिन कोई आइडियॉलॉजी तो होगी ही?''

संसोपाई बोले, ''ग़ैर-कांग्रेसवाद एक आइडियॉलॉजी तो है ही। इस आइडियॉलॉजी के कारण सबसे तालमेल बैठ जाता है, गोरक्षा में जनसंघ के साथ, पूँजी की रक्षा में स्वतंत्र पार्टी के साथ, जनतांत्रिक समाजवाद में प्रसोपा के साथ, जनक्रान्ति में कम्युनिस्टों के साथ।''

मैंने पूछा, ''डॉ. लोहिया ने कहा था कि जनता का विश्वास प्राप्त करने के लिए ग़ैर-कांग्रेसी सरकारें छः महीने के भीतर कोई एक चमत्कारी काम करके बताएँ। ऐसा हुआ था क्या?''

उन्होंने कहा, ''हाँ, एक नहीं, कितने ही चमत्कारी काम हो गए। हमारे मण्डल बाबू ने ही कितना बड़ा चमत्कारी काम किया।''

हम दोनों साम्यवादी दलों के पास गए। दक्षिणपंथी साम्यवादी दल ने कहा, ''तो कामरेड कृष्ण, आपकी हिस्ट्री हमने पढ़ी है। आपमें वामपंथी दुस्साहसिकता और वामपंथी भटकाव दोनों हैं। आपने इस तरह के काम किए थे। आप मार्क्सवादियों के पास जाइए।''

मार्क्सवादियों ने कह दिया, ''तुम तो संशोधनवादी हो। तुम्हारा सारा वर्गचरित्र प्रतिक्रियावादी है।''

जनसंघ ने खुले दिल से स्वागत किया। कहा, ''आप तो द्वापर से हमारी पार्टी के सदस्य हैं। सुभाष बाबू और स्वामी विवेकानंद भी हमारी पाटी के सदस्य थे। आइए, आपका 'बौद्धिक' हो जाए।''

उन्होंने एक काग़ज़ की पर्ची पर लिखा—हिंदू राष्ट्र, गोरक्षा, भारतीय संस्कृति। पर्ची को एक छपे हुए काग़ज़ में रखा। फिर अलमारी से ताला-चाभी निकाली।

वे एक औज़ार से कृष्ण का सिर खोलने लगे। कृष्ण चौंककर हट गए। बोले, ''यह क्या कर रहे हो?''

उन्होंने समझाया, ''आपका बौद्धिक संस्कार कर रहे हैं। सिर खोलकर ये विचार आपके दिमाग़ में रखकर ताला लगा देंगे और चाभी नागपुर गुरुजी के पास भेज देंगे। न वहाँ से चाभी आएगी, न आपका दिमाग़ खुलेगा, न परकीय और अराष्ट्रीय विचार आपके दिमाग़ में घुसेंगे।''

कृष्ण आतंकित हो गए। वे एक झटके से उठे और बाहर भागे। पीछे से वह आदमी चिल्लाया, ''रुकिए, रुकिए, हमारे स्वयंसेवकों को एक-एक सुदर्शन चक्र तो देते जाइए।''

हम भागे, तो सीधे शोषित दलवालों के पास पहुँचे। उन्होंने कहा, ''अभी से आप शोषित कैसे हो सकते हैं? शोषित तब होता है, जब विधायक हो जाए, पर मंत्री न हो। आप मंत्री नहीं बन सके, तभी तो शोषित होंगे। तब हमारे साथ हो जाइए।'',

क्रान्तिदल के महामाया बाबू से मिलने का भी इरादा था, पर सुना कि जब से उन्होंने कामाख्या बाबू के ख़िलाफ़ दायर 218 मुक़दमे उठाए, तब से उनकी खदान में ही गुप्तवास कर रहे हैं।

खदान के बाहर ही राजा कामाख्यानारायण सिंह मिल गए। उन्होंने कहा, ''मेरे साथ होने से आप लोगों को राजनीति की दुनिया की पूरी सैर करनी पड़ेगी। आप थक जाएँगे। हर आदमी में मेरे जैसी फुरती नहीं है। देखिए न, मैंने जनता पार्टी बनाई। फिर मैं स्वतंत्र पार्टी में चला गया। फिर कांग्रेस में लौट आया। फिर मैं भारतीय क्रान्तिदल में चला गया। फिर भारतीय क्रान्तिदल से निकलकर जनता पार्टी बना ली। मेरे लिए राजनीतिक दल अंडरवीयर है; ज़्यादा दिन एक ही को नहीं पहनता, क्योंकि बदबू आने लगती है। अपने पास कुल सत्रह विधायक होते हैं, पर कोई भी सरकार मेरे बिना चल नहीं सकती। आप लोग तो अपनी पार्टी बनाइए, अपने कुछ लोगों को विधानसभा में ले आइए और फिर सिंहासन पर बैठकर कांग्रेसवाद, संघवाद, क्रान्तिवाद, समाजवाद, साम्यवाद सबसे चरण दबवाइए। सिद्धांत पर अड़ेंगे तो मिटेंगे। सबसे बड़ा सिद्धांत सौदा है।''

हमें भी बोध हुआ कि किसी दल से अपनी पटरी पूरी तरह बैठेगी नहीं। अपना अलग दल होना चाहिए। अगर अपने चार-पाँच विधायक भी रहे, तो जोड़-तोड़ उठा-पटक और उखाड़-पछाड़ के द्वारा प्रदेश की सरकार हमेशा अपने क़ब्ज़े में रहेगी।

हमने एक नयी पार्टी बना ली है, अभी यह पार्टी सिर्फ़ बिहार में कार्य करेगी। यदि मध्यावधि चुनाव में इसे जनता का समर्थन अच्छा मिला, तो अखिल भारतीय पार्टी बना देंगे।

इस पार्टी का संक्षिप्त मेनिफेस्टो यहाँ दे रहे हैं—

भारतीय राजनीति में व्याप्त अवसरवाद, मूल्यहीनता और अस्थिरता को देखकर हर सच्चे जनसेवक का हृदय फटने लगता है। राजनीतिक भ्रष्टाचार के कारण आज देश के करोड़ों मानव भूखे हैं, नंगे हैं, बेकार हैं। वे अकाल, बाढ़, सूखा और महामारी के शिकार हो रहे हैं। असंख्य कंठों से पुकार उठ रही है—हे भगवान्, आओ और नयी राजनीतिक पार्टी बनाकर सत्ता पर कब्ज़ा करो और हमारी रक्षा करो। जनता के आर्त्तनाद को सुनकर भगवान् कृष्ण बिहार में अवतरित हो गए हैं और उन्होंने हरिशंकर नारायण प्रसाद सिंह नाम के विश्वविख्यात् जनसेवक के साथ मिलकर एक पार्टी की स्थापना कर ली है।

पार्टी का नाम—'भारतीय जनमंगल कांग्रेस' होगा।

नाम में 'जन' या 'जनता' या 'लोक' रखने का आधुनिक राजनीति में फैशन पड़ गया है। इसीलिए हमने भी 'जन' शब्द रख दिया है। जनता से प्रार्थना है कि जन को गंभीरता से न ले, इसे वर्तमान राजनीति का एक मज़ाक़ समझें।

पार्टी के नाम में 'भारतीय' इसलिए रखा है कि आगे ज़रूरत हो, तो भारतीय जनसंघ के साथ मिलकर सत्ता में हिस्सा बँटा सकें।

'कांग्रेस' हमने इसलिए रखा है कि अगर इंदिराजी वाली कांग्रेस को अल्पमत सरकार बनाने की ज़रूरत पड़े, तो पहले हमें मौका दे।

'जनता' शब्द की व्याख्या किसी दल ने नहीं की है। हम पहली बार ऐसा कर रहे हैं। जनता उन मनुष्यों को कहते हैं, जो वोटर हैं और जिनके वोट से विधायक तथा मंत्री बनते हैं। इस पृथ्वी पर जनता की उपयोगिता कुल इतनी है कि उसके वोट से मंत्रिमंडल बनते हैं। अगर जनता के बिना सरकार बन सकती है, तो जनता की कोई ज़रूरत नहीं है।

जनता कच्चा माल है। इससे पक्का माल विधायक, मंत्री आदि बनते हैं। पक्का माल बनने के लिए कच्चे माल को मिटना ही पड़ता है।

हम जनता को विश्वास दिलाते हैं कि उसे मिटाकर हम ऊँची क्वालिटी की सरकार बनाएँगे। हमारा न्यूनतम कार्यक्रम सरकार में रहना है।

हम इस नीति को मानते हैं—यथा राजा तथा प्रजा। राजा अगर ठाट से ऐशो-आराप में रहेगा, तो प्रजा भी वैसी ही रहेगी। राजा अगर सुखी होगा, तो प्रजा भी सुखी होगी। इसलिए हमारी पार्टी के मंत्री ऐशो-आराम से रहेंगे। जनता को समझना चाहिए कि हमें मजबूर होकर सुखी जीवन बिताना होगा, जिससे जनता भी सुखी हो सके। यथा राजा तथा प्रजा।

हमारे उम्मीदवार विधायक होने के लिए चुनाव नहीं लड़ेंगे। वे मंत्री बनने के लिए वोट माँगेंगे। हमारी पार्टी के उम्मीदवार को जब जनता वोट देगी, तो मंत्री को वोट देगी। हम अपनी पार्टी के हर विधायक को मंत्रिमंडल में लेंगे, जिससे कोई दल न छोड़े।

यदि हमारे किसी मंत्री को दल छोड़ना है तो उसे पहले हमसे पूछना होगा। वह तभी दल छोड़ सकेगा, जब हम उसकी माँग पूरी न कर सकेंगे।

सरकार का काम राज करना है, रोजी-रोटी की समस्या हल करना नहीं है।

सरकार किसान नहीं है, इसलिए वह अन्न उत्पादन नहीं करेगी। जिस कम्पनी को अन्न उत्पादन करना हो, उसे बिहार की ज़मीन दे दी जाएगी।

हम जाति के हिसाब से अलग-अलग ज़िले बना देंगे। ब्राह्मणों के ज़िले में क्षत्रिय नहीं रहेगा। ज़िलाधीश की नियुक्ति जाति-पंचायत करेगी।

बिहार में भूख और महामारी से बहुत लोग मरते हैं। पर काशी बिहार में नहीं है। गया वहाँ श्राद्ध के लिए है। हम आन्दोलन करके काशी को बिहार में शामिल करेंगे, जिससे बिहार का आदमी यहीं काशी में मरकर गया में पिण्डदान करवा ले।

हम जनता को वचन देते हैं कि जिस सरकार में हम नहीं होंगे, उस सरकार को गिरा देंगे। अगर हमारा बहुमत नहीं हुआ, तो हम हर महीने जनता को नयी सरकार का मज़ा देंगे।

घोषणा-पत्र की यह रूपरेखा ही है। विस्तार से आगे बताएँगे।

जनता हमारी पार्टी की विजय के लिए प्रार्थना करे।

ठेकेदार, उद्योगपति, दंगा करनेवाले शर्तें तय करने के लिए अभी संपर्क करें।

हमारे भाई, भतीजे, मामा, मौसा, फूफा, साले, बहनोई, जो जहाँ भी हों, बिहार में आकर बस जाएँ और रिश्तेदारी के सबूत समेत जीवन सुधारने की दरख़्वास्त अभी से दे दें। देर करने से नक्काल फ़ायदा उठा लेंगे।

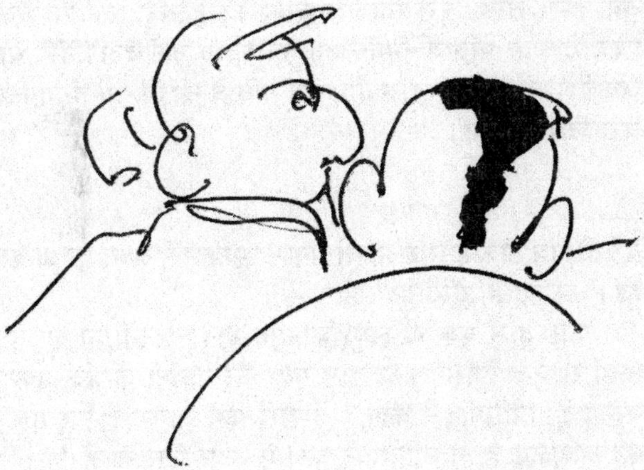

# छोटी-सी बात

संसद में शिक्षा-मंत्री ने अपने बयान में कहा कि हाल में जो व्यापक छात्र आन्दोलन हुए, उनका आरम्भ एक छोटी-सी बात से हुआ था। एक कॉलेज का छात्र पिछले तीन वर्षों से एक अतिरिक्त लघुशंका गृह की माँग कर रहा था पर वह नहीं बनवाया गया। आख़िर छात्रों ने आन्दोलन कर दिया, जो दूसरी संस्थाओं में भी फैल गया।

*—(1965 का एक समाचार)*

इस पर एक विदेशी अख़बार ने टिप्पणी की—जिसे शिक्षा-मंत्री ने छोटी बात कहा है, वह छोटी बात नहीं है। दुनिया के किसी देश के किसी कॉलेज के छात्रों ने लघुशंका-गृह की माँग नहीं की। शिक्षा के इतिहास में ऐसा दूसरा उदाहरण नहीं मिलता। यह माँग अभूतपूर्व और महत्त्वपूर्ण है। दूसरी ख़ास बात यह है कि किसी

भी देश के छात्रों को इतने बड़े लघुशंका-गृह की ज़रूरत नहीं पड़ती जो तीन सालों में भी न बन सके। ऐसा लगता है कि छात्र लघुशंका-गृह नहीं, बल्कि अणु-संस्थान चाहते हैं। इतना विशाल लघुशंका-गृह दुनिया के किसी भी कॉलेज में नहीं है। इस माँग से ही भारतीय छात्रों की क्षमता और सम्भावना का पता लगता है। इस देश के वरिष्ठ नेताओं का कहना है कि जब देश की आर्थिक हालत इतनी गिरी हुई है तो क्या हमारे तरुण कुछ साल लघुशंका किए बिना नहीं रह सकते। इतना ख़र्चीला शौक़ देश के भविष्य-निर्माताओं को शोभा नहीं देता। उन्हें धीरज रखना चाहिए। जब देश के अच्छे दिन आएँगे, तब यदि वे चाहेंगे, तो हर दफ़्तर को लघुशंका-गृह बना दिया जाएगा।

यह तो सब ठीक है। पर असल बात न सरकार ने बताई, न अख़बारवालों को मालूम हुई। अन्दाज़ है, ऐसा हुआ होगा—

कॉलेज में एक ही लघुशंका-गृह था। लड़कों को लाइन लगानी पड़ती थी। उनमें से कुछ प्रिंसिपल के पास गए और प्रार्थना की कि एक लघुशंका-गृह और बनवा दें। प्रिंसिपल ने कहा, "तुम्हारी माँग जायज़ है, पर मुझे न एक ईंट रखवाने का अधिकार है, न उखड़वाने का। मैं ऊपर लिखता हूँ।"

प्रिंसिपल ने शिक्षा-सचिव को लिखा, शिक्षा-सचिव प्रिंसिपल के पत्र को लगातार छह महीने पढ़ते रहे, तब वह समझ में आया। हर शब्द और हर अक्षर को सैकड़ों बार पढ़ा—इतना कठिन और पेचीदा पत्र था वह। समझने के बाद उस पर छह महीने विचार हुआ। विचार के बाद शिक्षा-सचिव ने प्रिंसिपल को लिखा—'रिकार्ड देखने से मालूम होता है कि यह कॉलेज सन् 1930 में खुला था। तब से अब तक कभी लड़कों ने लघुशंका-गृह की माँग नहीं की। मालूम होता है, 1965 में पहली बार इस कॉलेज के लड़के लघुशंका कर रहे हैं। प्रश्न है कि जब 35 सालों तक लघुशंका नहीं की, तो अब एकाएक कैसे लग आई। मुझे इस माँग की सचाई में शक है। कृपया फिर से जाँच करके लिखिए कि क्या लड़के लघुशंका करने लगे हैं?'

प्रिंसिपल ने छात्र-नेताओं को बुलाकर शिक्षा-सचिव की चिट्ठी बताई।

लड़कों ने कहा, "अगर आप कहें तो हम सचिवालय जाकर प्रत्यक्ष प्रमाण दे सकते हैं।"

प्रिंसिपल ने घबराकर कहा, "आप लोगों की इस क्षमता से मैं परिचित हूँ। ऐसा मत करो। मैं ही लिखे देता हूँ।"

प्रिंसिपल ने शिक्षा-सचिव को लिख दिया—"मैं व्यक्तिगत जानकारी के आधार पर विश्वास दिलाता हूँ कि लड़के लघुशंका करते हैं। अगर उन पर अविश्वास किया

जाएगा, तो वे प्रत्यक्ष प्रमाण देने लगेंगे। वैसे पिछले पैंतीस वर्षों में भी इस कॉलेज के लड़के लघुशंका करते रहे हैं। अब उनकी संख्या बढ़ रही है, इसलिए एक लघुशंका-गृह की और ज़रूरत है।''

शिक्षा-सचिव ने एक नोट लिखकर अर्थ-मंत्रालय को भेज दिया। अर्थ-मंत्रालय में विशेषज्ञों की एक सम्मति इस प्रस्ताव के आर्थिक पहलुओं पर विचार करने बैठी। छह महीने के अथक अध्ययन के बाद अर्थ-सचिव ने यह नोट लिखकर वित्तमंत्री को भेजा—'वैसे ही घाटे की अर्थ-व्यवस्था चल रही है, अगर लघुशंका गृह बनवा दिया गया तो और घाटा होगा। इसे कहाँ से पूरा करेंगे ? हिसाब लगाने से मालूम होता है कि अगर हर कॉलेज में इस तरह लघुशंका-गृह बनवाया गया तो लगभग नौ करोड़ का खर्चा होगा। अगर देश के युवकों की लघुशंका पर नौ करोड़ ख़र्चा किया गया, तो योजनाओं के लिए पैसा कहाँ से लाएँगे ? अगर नौ करोड़ का घाटा पूरा करने के लिए 'लघुशंका-कर' लगाया गया, तो बड़ा कड़ा विरोध होगा। कर की चोरी करने के लिए लोग छिपकर लघुशंका करेंगे जिससे जनता का नैतिक स्तर गिरेगा। कुछ लोग कर बचाने के लिए लघुशंका रोकेंगे, जिसका उनके स्वास्थ्य पर बुरा असर पड़ेगा।'

वित्तमंत्री ने अपनी सारी राजनीतिक समझ इस मामले को समझने में लगा दी। उन्होंने सचिव से कहा, ''यह मामला न लघुशंका-गृह का है, न ख़र्च का। यह सरकार की बुनियादी नीति का मामला है। इस पर अर्थमंत्रालय अलग से निर्णय नहीं ले सकता। इसके लिए मंत्रिमंडल की बैठक बुलानी पड़ेगी।''

मंत्रिमंडल की बैठक में शिक्षा-मंत्री ने कहा, ''यह छात्रों की अनुशासनहीनता का मामला है। यह निर्लज्ज पीढ़ी है। अपने बुजुर्गों से लघुशंका-गृह माँगने में भी इन्हें शर्म नहीं आती। कल ये लोग कहेंगे कि हमारे लिए वेश्यालय का इन्तज़ाम करो।''

किसी मंत्री ने कहा, ''इन लड़कों को विरोधी दल भड़का रहे हैं। मुझे इसकी जानकारी है। मैं जानता हूँ कि विरोधी दल देश के तरुणों को लघुशंका करने के लिए उकसाते हैं। यदि इस पर रोक नहीं लगी, तो ये हर उस चीज़ पर लघुशंका करने लगेंगे, जो हमने बनाकर रखी है।''

गृहमंत्री ने कहा, ''यह मामला अन्ततः क़ानून और व्यवस्था का है। सरकार का काम लघुशंका-गृह बनवाना नहीं, लॉ एंड ऑर्डर बनाए रखना है! मैं इस स्थिति से निपट लूँगा।''

तब प्रधानमंत्री ने कहा, ''प्रश्न यह है कि लघुशंका-गृह बनवाया जाए या नहीं। इस पर गम्भीरता से विचार करना चाहिए। इस कॉलेज में पैंतीस साल से लघुशंका-गृह नहीं बना। अब एकदम लघुशंका-गृह बनवा देना बहुत क्रान्तिकारी काम हो जाएगा। क्या हम इतना क्रान्तिकारी क़दम उठाने को तैयार हैं ? धीरे-धीरे विकास

में विश्वास रखते हैं, क्रान्ति में नहीं। यदि हमने यह क्रान्तिकारी क़दम उठा लिया तो सरकार का जो रूप देश-विदेश के सामने आएगा, उसके व्यापक राजनीतिक परिणाम होंगे। मेरा ख़याल है, सरकार अपने को इतना क्रान्तिकारी क़दम उठाने के लिए समर्थ नहीं पाती।''

इसी वक़्त छात्रों का धीरज टूट गया।

उन्होंने आन्दोलन छेड़ दिया।

दूसरे कॉलेजों के लड़कों को चूड़ियाँ भेज दी गईं—आन्दोलन करो या चूड़ियाँ पहनकर घर में बैठो। चूड़ियों में आग लगा दी। जगह-जगह आन्दोलन भड़क उठा। यहाँ का आदमी अक़्ल बताने को उतना उत्सुक नहीं रहता, जितना नरता बताने को। अगर किसी से कहा कि अपने सिर पर जूता मारो, या ये चूड़ियाँ पहन लो, तो वह चूड़ी के डर से जूता मार लेगा। लोगों ने लड़कों से पूछा, ''यह आन्दोलन किस हेतु कर रहे हो?''

लड़कों ने कहा, ''हमें नहीं मालूम। हमें तो चूड़ियाँ आ गई थीं, इसीलिए कर रहे हैं।''

मगर राजधानी में सारे विदेशी दूतावास और पत्रकार चौंक पड़े। यह क्या हो रहा है? विद्रोह? क्रान्ति?

एक दौर लाठीचार्ज और फायरिंग का चला।

विदेशी पत्रकार मंत्रमुग्ध की तरह घूम रहे थे। उन्होंने संघर्ष समिति के प्रतिनिधि से मुलाकात की। कहा, ''आपका यह देशव्यापी विद्रोह देखकर हम चकित हैं। आप देश को बदलना चाहते हैं। अपना 'मैनिफेस्टो' हमें दीजिए। हमें बताइए कि इस देश के सामाजिक-आर्थिक ढाँचे में क्या बुनियादी परिवर्तन आप लोग चाहते हैं?''

छात्र नेता ने जवाब दिया, ''हमें तो एक लघुशंका-गृह चाहिए।''

# इंस्पेक्टर मातादीन चाँद पर

वैज्ञानिक कहते हैं, चाँद पर जीवन नहीं है। पर सीनियर पुलिस इंस्पेक्टर मातादीन (डिपार्टमेंट में एम.डी. साब) कहते हैं, ''वैज्ञानिक झूठ बोलते हैं। वहाँ हमारे जैसे ही मनुष्यों की आबादी है।''

विज्ञान ने हमेशा इंस्पेक्टर मातादीन से मात खाई है। फिंगर प्रिंट विशेषज्ञ कहता रहता है—छुरे पर पाए गए निशान मुलज़िम की अँगुलियों के नहीं हैं, पर मातादीन उसे सज़ा दिला ही देते हैं।

मातादीन कहते हैं, ''ये वैज्ञानिक केस का पूरा इन्वेस्टिगेशन नहीं करते। उन्होंने चाँद का उजला हिस्सा देखा और कह दिया, वहाँ जीवन नहीं है। मैं चाँद का अँधेरा हिस्सा देखकर आया हूँ। वहाँ मनुष्य जाति हैं।''

यह बात सही है, क्योंकि अँधेरे-पक्ष के मातादीन माहिर माने जाते हैं।

पूछा जाएगा, इंस्पेक्टर मातादीन चाँद पर क्यों गए थे? टूरिस्ट की हैसियत से या किसी फरार अपराधी को पकड़ने? नहीं, वे भारत की तरफ़ से सांस्कृतिक आदान-प्रदान के अन्तर्गत गए थे। चाँद सरकार ने भारत सरकार को लिखा था, 'यों हमारी सभ्यता बहुत आगे बढ़ी है, पर हमारी पुलिस में पर्याप्त सक्षमता नहीं है। वह अपराधी का पता लगाने और उसे सज़ा दिलाने में अक्सर सफल नहीं होती। सुना है, आपके यहाँ रामराज है। मेहरबानी करके किसी पुलिस अफ़सर को भेजें जो हमारी पुलिस को शिक्षित कर दे।'

गृहमंत्री ने सचिव से कहा, "किसी आई.जी. को भेज दो।"

सचिव ने कहा, "नहीं सर, आई.जी. नहीं भेजा जा सकता। प्रोटोकॉल का सवाल है। चाँद हमारा एक क्षुद्र उपग्रह है। आई.जी. के रैंक के आदमी को नहीं भेजेंगे। किसी सीनियर इंस्पेक्टर को भेज देता हूँ।"

तय किया गया कि हज़ारों मामलों के इन्वेस्टिगेटिंग ऑफिसर सीनियर इंस्पेक्टर मातादीन को भेज दिया जाए।

चाँद की सरकार को लिख दिया गया कि आप मातादीन को लेने के लिए पृथ्वी-यान भेज दीजिए।

पुलिस-मंत्री ने मातादीन को बुलाकर कहा, "तुम भारतीय पुलिस की उज्ज्वल परम्परा के दूत की हैसियत से जा रहे हो। ऐसा काम करना कि सारे अन्तरिक्ष में डिपार्टमेंट की ऐसी जय-जयकार हो कि पी.एम. (प्रधानमंत्री) को भी सुनाई पड़ जाए।"

मातादीन की यात्रा का दिन आ गया। एक यान अन्तरिक्ष अड्डे पर उतरा। मातादीन सबसे विदा लेकर यान की तरफ़ बढ़े। वे धीरे-धीरे कहते जा रहे थे, 'प्रविसि नगर कीजै सब काजा, हृदय राखि कौसलपुर राजा।'

यान के पास पहुँचकर मातादीन ने मुंशी अब्दुल गफ़ूर को पुकारा, "मुंशी!"

गफ़ूर ने एड़ी मिलाकर सेल्यूट फटकारा। बोला, "जी, पेक्टसा!"

"एफ़. आई. आर. रख दी है?"

"जी, पेक्टसा!"

"और रोज़नामचे का नमूना?"

"जी, पेक्टसा!"

वे यान में बैठने लगे। हवलदार बलभद्दर को बुलाकर कहा, "हमारे घर में जचकी के बखत अपने खटला (पत्नी) को मदद के लिए भेज देना।"

बलभद्दर ने कहा, "जी, पेक्टसा!"

गफ़ूर ने कहा, "आप बेफ़िक्र रहें, पेक्टसा! मैं अपने मकान (पत्नी) को भी भेज दूँगा ख़िदमत के लिए।"

मातादीन ने यान के चालक से पूछा, "ड्राइविंग लाइसेंस है?"

"जी है, साहब!"

"और गाड़ी में बत्ती ठीक है?"

"जी, ठीक है।"

मातादीन ने कहा, "सब ठीक-ठाक होना चाहिए, वरना हरामज़ादे का बीच अन्तरिक्ष में चलान कर दूँगा।"

चन्द्रमा से आए चालक ने कहा, "हमारे यहाँ आदमी से इस तरह नहीं बोलते।"

मातादीन ने कहा, "जानता हूँ, बे! तुम्हारी पुलिस कमजोर है। अभी मैं उसे ठीक करता हूँ।"

मातादीन यान में क़दम रख ही रहे थे कि हवलदार रामसंजीवन भागता हुआ आया। बोला, "पेक्टसा, एस.पी. साहब के घर में से कहे हैं कि चाँद से एड़ी चमकाने का पत्थर लेते आना।"

मातादीन ख़ुश हुए। बोले, "कह देना बाई साब से, ज़रूर लेता आऊँगा।"

वे यान में बैठे और यान उड़ चला। पृथ्वी के वायुमंडल से यान बाहर निकला ही था कि मातादीन ने कहा, "अबे, हॉर्न क्यों नहीं बजाता?"

चालक ने जवाब दिया, "आसपास लाखों मील में कुछ नहीं है।"

मातादीन ने डाँटा, "मगर रूल इज रूल। हॉर्न बजाता चल।"

चालक अन्तरिक्ष में हॉर्न बजाता हुआ यान को चाँद पर उतार लाया। अन्तरिक्ष अड्डे पर पुलिस अधिकारी मातादीन के स्वागत के लिए खड़े थे। मातादीन रौब से उतरे और उन अफ़सरों के कन्धों पर नज़र डाली। वहाँ किसी के स्टार नहीं थे। फीते भी किसी के नहीं लगे थे। लिहाज़ा मातादीन ने एड़ी मिलाना और हाथ उठाना ज़रूरी नहीं समझा। फिर उन्होंने सोचा, मैं यहाँ इंस्पेक्टर की हैसियत से नहीं, सलाहकार की हैसियत से आया हूँ।

मातादीन को वे लोग लाइन में ले गए और एक अच्छे बँगले में उन्हें टिका दिया।

एक दिन आराम करने के बाद मातादीन ने काम शुरू कर दिया। पहले उन्होंने पुलिस लाइन का मुलाहजा किया।

शाम को उन्होंने आई.जी. से कहा, "आपके यहाँ पुलिस लाइन में हनुमानजी का मन्दिर नहीं है। हमारे रामराज में हर पुलिस लाइन में हनुमानजी हैं।"

आई. जी. ने कहा, "हनुमान कौन थे? हम नहीं जानते।"

मातादीन ने कहा, "हनुमान का दर्शन हर कर्तव्यपरायण पुलिसवाले के लिए ज़रूरी है। हनुमान सुग्रीव के यहाँ स्पेशल ब्रांच में थे। उन्होंने सीता माता का पता लगाया था। एब्डक्शन का मामला था, दफ़ा 362। हनुमानजी ने रावण को सज़ा वहीं दे दी। उसकी प्रापर्टी में आग लगा दी। पुलिस को यह अधिकार होना चाहिए कि अपराधी को पकड़ा और वहीं सज़ा दे दी। अदालत में जाने का झंझट नहीं, मगर

यह सिस्टम अभी हमारे रामराज में भी चालू नहीं हुआ। हनुमानजी के काम से भगवान रामचन्द्र बहुत ख़ुश हुए। वे उन्हें अयोध्या ले आए और टौन ड्यूटी में तैनात कर दिया। वही हनुमान हमारे आराध्य देव हैं। मैं उनकी फ़ोटो लेता आया हूँ। उससे मूर्तियाँ बनवाइए और हर पुलिस लाइन में स्थापित करवाइए।''

थोड़े ही दिनों में चाँद की हर पुलिस लाइन में हनुमानजी स्थापित हो गए।

मातादीनजी उन कारणों का अध्ययन कर रहे थे जिनसे पुलिस लापरवाह और अलाल हो गई है। वह अपराधों पर ध्यान नहीं देती। कोई कारण नहीं मिल रहा था। एकाएक उनकी बुद्धि में एक चमक आई। उन्होंने मुंशी से कहा, ''ज़रा तनख़्वाह का रजिस्टर बताओ।''

तनख़्वाह का रजिस्टर देखा, तो सब समझ गए। कारण पकड़ में आ गया।

शाम को उन्होंने पुलिस-मंत्री से कहा, ''मैं समझ गया कि आपकी पुलिस मुस्तैद क्यों नहीं है। आप इतनी बड़ी तनख़्वाहें देते हैं, इसीलिए। सिपाही को पाँच सौ, हवलदार को सात सौ, थानेदार को हज़ार—यह क्या मज़ाक़ है! आख़िर पुलिस अपराधी को क्यों पकड़े? हमारे यहाँ सिपाही को सौ और इंस्पेक्टर को दो सौ देते हैं तो वे चौबीस घंटे जुर्म की तलाश करते हैं। आप तनख़्वाहें फ़ौरन घटाइए।''

पुलिस-मंत्री ने कहा, ''मगर यह तो अन्याय होगा। अच्छा वेतन नहीं मिलेगा तो वे काम ही क्यों करेंगे?''

मातादीन ने कहा, ''इसमें कोई अन्याय नहीं है। आप देखेंगे कि पहली घटी हुई तनख़्वाह मिलते ही आपकी पुलिस की मनोवृत्ति में क्रान्तिकारी परिवर्तन हो जाएगा।''

पुलिस-मंत्री ने तनख़्वाहें घटा दीं और दो-तीन महीनों में सचमुच बहुत फ़र्क़ आ गया। पुलिस एकदम मुस्तैद हो गई। सोते से एकदम जाग गई। चारों तरफ़ नज़र रखने लगी। अपराधियों की दुनिया में घबराहट छा गई। पुलिस-मंत्री ने तमाम थानों के रिकॉर्ड बुलवाकर देखे। पहले से कई गुने अधिक केस रजिस्टर हुए थे। उन्होंने मातादीन से कहा, ''मैं आपकी सूझ की तारीफ़ करता हूँ। आपने क्रान्ति कर दी। पर यह हुआ किस तरह?''

मातादीन ने समझाया, ''बात बहुत मामूली है। कम तनख़्वाह दोगे, तो मुलाजिम की गुज़र नहीं होगी। सौ रुपयों में सिपाही बच्चों को नहीं पाल सकता। दो सौ में इंस्पेक्टर ठाट-बाट मेनटेन नहीं कर सकता है? उसे ऊपरी आमदनी करनी ही पड़ेगी। और ऊपरी आमदनी तभी होगी जब वह अपराधी को पकड़ेगा। गरज कि वह अपराधों पर नज़र रखेगा। सचेत, कर्तव्यपरायण और मुस्तैद हो जाएगा। हमारे रामराज के स्वच्छ और सक्षम प्रशासन का यही रहस्य है।''

चन्द्रलोक में इस चमत्कार की ख़बर फैल गई। लोग मातादीन को देखने आने लगे कि वह आदमी कैसा है जो तनख़्वाह कम करके सक्षमता ला देता है! पुलिस के लोग भी ख़ुश थे। वे कहते, ''गुरु, आप इधर न पधारते तो हम सभी

कोरी तनख़्वाह से ही गुज़र करते रहते।'' सरकार भी ख़ुश थी कि मुनाफे का बजट बननेवाला था।

आधी समस्या हल हो गई। पुलिस अपराधी पकड़ने लगी थी। अब मामले की जाँच-विधि में सुधार करना रह गया था। अपराधी को पकड़ने के बाद उसे सज़ा कैसे दिलाई जाए? मातादीन इन्तज़ार कर रहे थे कि कोई बड़ा केस हो जाए तो नमूने के तौर पर उसका इन्वेस्टिगेशन कर बताएँ।

एक दिन आपसी मारपीट में एक आदमी मारा गया। मातादीन कोतवाली में आकर बैठ गए और बोले, ''नमूने के लिए इस केस का 'इन्वेस्टिगेशन' मैं करता हूँ। आप लोग सीखिए। यह क़त्ल का केस है! क़त्ल के केस में 'एविडेंस' बहुत पक्की होनी चाहिए।''

कोतवाल ने कहा, ''पहले क़ातिल का पता लगाया जाएगा, तभी तो 'एविडेंस' इकट्ठा की जाएगी।''

मातादीन ने कहा, ''नहीं, उलटे मत चलो। पहले एविडेंस देखो। क्या कहीं ख़ून मिला—किसी के कपड़ों पर या और कहीं?''

एक इंस्पेक्टर ने कहा, ''हाँ, मारनेवाले तो भाग गए थे। मृतक सड़क पर बेहोश पड़ा था। एक भला आदमी वहाँ रहता है। उसने उठाकर अस्पताल भेजा। उस भले आदमी के कपड़ों पर ख़ून के दाग़ लग गए हैं।''

मातादीन ने कहा, ''उसे फ़ौरन गिरफ़्तार करो।''

कोतवाल ने कहा, ''मगर उसने तो मरते हुए आदमी की मदद की थी!''

मातादीन ने कहा, ''वह सब ठीक है। पर तुम ख़ून के दाग़ ढूँढ़ने और कहाँ जाओगे? जो एविडेंस मिल रहा है, उसे तो क़ब्ज़े में करो।''

वह भला आदमी पकड़कर बुलवा लिया गया। उसने कहा, ''मैंने तो मरते आदमी को अस्पताल भिजवाया था। मेरा क्या कसूर है?''

चाँद की पुलिस उसकी बात से एकदम प्रभावित हुई। मातादीन प्रभावित नहीं हुए। सारा पुलिस महकमा उत्सुक था कि अब मातादीन क्या तर्क निकालते हैं।

मातादीन ने उससे कहा, ''पर तुम झगड़े की जगह गए क्यों?''

उसने जवाब दिया, ''मैं झगड़े की जगह नहीं गया। मेरा वहाँ मकान है। झगड़ा मेरे मकान के सामने हुआ।''

अब फिर मातादीन की प्रतिभा की परीक्षा थी। सारा महकमा उत्सुक देख रहा था।

मातादीन ने कहा, ''मकान है, तो ठीक है। पर मैं पूछता हूँ, झगड़े की जगह जाना ही क्यों?''

इस तर्क का कोई जवाब नहीं था। वह बार-बार कहता, ''मैं झगड़े की जगह नहीं गया। मेरा वहीं मकान है।''

मातादीन उसे जवाब देते, ''सो ठीक है, पर झगड़े की जगह जाना ही क्यों?''

इस तर्क-प्रणाली से पुलिस के लोग बहुत प्रभावित हुए।

अब मातादीनजी ने इन्वेस्टिगेशन का सिद्धान्त समझाया, ''देखो, आदमी मारा गया है, तो यह पक्का है कि किसी ने उसे ज़रूर मारा। कोई कातिल है। किसी को सज़ा होनी है। सवाल है—किसको सजा होनी है? पुलिस के लिए यह सवाल इतना महत्त्व नहीं रखता जितना यह सवाल कि जुर्म किस पर साबित हो सकता है या किस पर साबित होना चाहिए। कत्ल हुआ है, तो किसी मनुष्य को सज़ा होगी ही। मारनेवाले को होती है, या बेकसूर को, यह अपने सोचने की बात नहीं है। मनुष्य-मनुष्य सब बराबर हैं। सबमें उसी परमात्मा का अंश है। हम भेदभाव नहीं करते। यह पुलिस का मानवतावाद है।

''दूसरा सवाल है, किस पर जुर्म साबित होना चाहिए। इसका निर्णय इन बातों से होगा—(1) क्या वह आदमी पुलिस के रास्ते में आता है? (2) क्या उसे सज़ा दिलाने से ऊपर के लोग ख़ुश होंगे?''

मातादीन को बताया गया कि वह आदमी भला है, पर पुलिस अन्याय करे तो विरोध करता है। जहाँ तक ऊपर के लोगों का सवाल है—वह वर्तमान सरकार की विरोधी राजनीतिवाला है।

मातादीन ने टेबल ठोककर कहा, ''फर्स्ट क्लास केस! एविडेंस! और ऊपर का सपोर्ट!''

एक इंस्पेक्टर ने कहा, ''पर हमारे गले यह बात नहीं उतरती कि एक निरपराध भले आदमी को सजा दिलाई जाए।''

मातादीन ने समझाया, ''देखो, मैं समझा चुका हूँ कि सबमें उसी ईश्वर का अंश है। सजा इसे हो या कातिल को, फाँसी पर तो ईश्वर ही चढ़ेगा न! फिर तुम्हें कपड़ों पर ख़ून मिल रहा है। इसे छोड़कर तुम कहाँ ख़ून ढूँढ़ते फिरोगे? तुम तो भरो एफ.आई.आर.।''

मातादीनजी ने एफ.आई.आर. भरवा दी। 'बखत ज़रूरत के लिए' जगह ख़ाली छुड़वा दी।

दूसरे दिन पुलिस कोतवाल ने कहा, ''गुरुदेव, हमारी तो बड़ी आफत है। तमाम भले आदमी आते हैं और कहते हैं, उस बेचारे बेकसूर को क्यों फँसा रहे हो? ऐसा तो चन्द्रलोक में कभी नहीं हुआ। बताइए, हम क्या जवाब दें? हम तो बहुत शर्मिन्दा हैं।''

मातादीन ने कोतवाल से कहा, ''घबराओ मत। शुरू-शुरू में इस काम में आदमी को शर्म आती है। आगे तुम्हें बेकसूर को छोड़ने में शर्म आएगी। हर चीज़ का जवाब है। अब आपके पास जो आए, उससे कह दो, हम जानते हैं कि वह निर्दोष है, पर हम क्या करें? यह सब ऊपर से हो रहा है।''

कोतवाल ने कहा, "तब वे एस.पी. के पास जाएँगे।"

मातादीन ने कहा, "एस. पी. भी कह दें कि ऊपर से हो रहा है।"

"तब वे आई. जी. के पास शिकायत करेंगे।"

"आई. जी. भी कहें कि सब ऊपर से हो रहा है।"

"तब वे लोग पुलिस-मंत्री के पास पहुँचेंगे।"

"पुलिस-मंत्री भी कहेंगे, भैया, मैं क्या करूँ? यह ऊपर से हो रहा है।"

"तो वे प्रधानमंत्री के पास जाएँगे।"

"प्रधानमंत्री भी कहें कि मैं जानता हूँ, वह निर्दोष है, पर यह ऊपर से हो रहा है।"

कोतवाल ने कहा, "तब वे..."

मातादीन ने कहा, "तब वे क्या? तब वे किसके पास जाएँगे? भगवान के पास न? मगर भगवान से पूछकर कौन लौट सका है?"

कोतवाल चुप रह गया। वह इस महान् प्रतिभा से चमत्कृत था।

मातादीन ने कहा, "एक मुहावरा—'ऊपर से हो रहा है', हमारे देश में पच्चीस सालों से सरकारों को बचा रहा है। तुम इसे सीख लो।"

केस की तैयारी होने लगी। मातादीन ने कहा, "अब चार-छह चश्मदीद गवाह लाओ।"

कोतवाल ने कहा, "चश्मदीद गवाह कैसे मिलेंगे? जब किसी ने उसे मारते देखा ही नहीं, तो चश्मदीद गवाह कोई कैसे होगा?"

मातादीन ने सिर ठोंक लिया, 'किन बेवक़ूफ़ों के बीच फँसा दिया गवर्नमेंट ने! इन्हें तो ए बी सी डी भी नहीं आती।'

झल्लाकर कहा, "चश्मदीद गवाह किसे कहते हैं, जानते हो? चश्मदीद वह नहीं है, जो देखे—बल्कि वह है जो कहे कि मैंने देखा।"

कोतवाल ने कहा, "ऐसा कोई क्यों कहेगा?"

मातादीन ने कहा, "कहेगा। समझ में नहीं आता, कैसे डिपार्टमेंट चलाते हो! अरे, चश्मदीद गवाहों की लिस्ट पुलिस के पास पहले से रहती है। जहाँ ज़रूरत हुई, उन्हें चश्मदीद बना दिया। हमारे यहाँ ऐसे आदमी हैं जो साल में तीन-चार सौ वारदातों के चश्मदीद गवाह होते हैं। हमारी अदालतें भी मान लेती हैं कि इस आदमी में कोई दैवी शक्ति है, जिससे वह जान लेता है कि अमुक जगह वारदात होनेवाली है और वहाँ पहले से पहुँच जाता है। मैं तुम्हें चश्मदीद गवाह बनाकर देता हूँ। आठ-दस उठाईगीरों को बुलाओ जो चोरी, मारपीट, गुंडागर्दी करते हों, जुआ खिलाते हों या शराब उतारते हों।"

दूसरे दिन शहर के आठ-दस नररत्न कोतवाली में हाज़िर थे। उन्हें देखकर मातादीन गद्गद हो गए। बहुत दिन हो गए थे ऐसे लोगों को देखे, बड़ा सूना-सूना लग रहा था।

मातादीन का प्रेम उमड़ पड़ा। उसने कहा, "तुम लोगों ने उस आदमी को लाठी मारते देखा था न?"

वे बोले, "नहीं देखा साब! हम वहाँ थे ही नहीं।"

मातादीन जानते थे, यह पहला मौक़ा है। फिर उन्होंने कहा, "वहाँ नहीं थे, यह मैंने माना। पर लाठी मारते देखा तो था।"

उन लोगों को लगा कि यह पागल आदमी है, तभी ऐसी ऊटपटाँग बात करता है। वे हँसने लगे।

मातादीन ने कहा, "हँसो मत, जवाब दो।"

वे बोले, "जब थे ही नहीं, तो कैसे देखा?"

मातादीन ने गुर्राकर देखा। कहा, "कैसे देखा, तो बताता हूँ। तुम लोग जो काम करते हो, सब इधर दर्ज हैं। हर एक को कम-से-कम दस साल जेल में डाला जा सकता है। तुम ये काम आगे भी करना चाहते हो या जेल जाना चाहते हो?"

वे घबराकर बोले, "साब, हम जेल नहीं जाना चाहते।"

मातादीन ने कहा, "ठीक। तो तुमने उस आदमी को लाठी मारते देखा। देखा न?"

वे बोले, "देखा साब। वह आदमी घर से निकला और जो लाठी मारना शुरू किया, तो वह बेचारा बेहोश होकर सड़क पर गिर पड़ा।"

मातादीन ने कहा, "ठीक है, आगे भी ऐसी वारदातें देखोगे?"

वे बोले, "साब, जो आप कहेंगे, सो देखेंगे।"

कोतवाल इस चमत्कार से थोड़ी देर तो बेहोश हो गया। होश आया तो मातादीन के चरणों पर गिर पड़ा।

मातादीन ने कहा, "हटो। काम करने दो।"

कोतवाल पाँवों से लिपट गया। कहने लगा, "मैं जीवन-भर इन श्रीचरणों में पड़ा रहना चाहता हूँ।"

मातादीन ने आगे की सारी कार्यप्रणाली तय कर दी। एफ.आई.आर. बदलना, बीच में पन्ने डालना, रोज़नामचा बदलना, गवाहों को तोड़ना—सब सिखा दिया।

उस आदमी को बीस साल की सज़ा हो गई।

चाँद की पुलिस शिक्षित हो चुकी थी। धड़ाधड़ केस बनने लगे और सज़ा होने लगी। चाँद की सरकार बहुत ख़ुश थी। पुलिस की ऐसी मुस्तैदी भारत सरकार के सहयोग का नतीजा थी। चाँद की संसद ने एक धन्यवाद का प्रस्ताव पास किया।

एक दिन मातादीनजी का सार्वजनिक अभिनन्दन किया गया। वे फूलों से लदे खुली जीप पर बैठे थे। आसपास जय-जयकार करते हज़ारों लोग। वे हाथ जोड़कर अपने गृहमंत्री की स्टाइल में जवाब दे रहे थे।

ज़िन्दगी में पहली बार ऐसा कर रहे थे, इसलिए थोड़ा अटपटा लग रहा था। छब्बीस साल पहले पुलिस में भरती होते वक़्त किसने सोचा था कि एक दिन दूसरे लोक में उनका ऐसा अभिनन्दन होगा! वे पछताए—अच्छा होता कि इस मौक़े के लिए कुरता, टोपी और धोती ले आते!

भारत के पुलिस-मंत्री टेलीविज़न पर बैठे यह दृश्य देख रहे थे और सोच रहे थे, मेरी सद्‌भावना यात्रा के लिए वातावरण बन गया।

एक दिन चाँद की संसद का विशेष अधिवेशन बुलाया गया। बहुत तूफ़ान खड़ा हुआ। गुप्त अधिवेशन था, इसलिए रिपोर्ट प्रकाशित नहीं हुई, पर संसद की दीवारों में टकराकर कुछ शब्द बाहर आए।

सदस्य गुस्से से चिल्ला रहे थे, "कोई बीमार बाप का इलाज नहीं करता।"

"डूबते बच्चों को कोई नहीं बचाता।"

"जलते मकान की आग कोई नहीं बुझाता।"

"आदमी जानवर से बदतर हो गया। सरकार फ़ौरन इस्तीफ़ा दे।"

दूसरे दिन चाँद के प्रधानमंत्री ने मातादीनजी को बुलाया। मातादीन ने देखा—वे एकदम बूढ़े हो गए थे। लगा, ये कई रातें सोए नहीं हैं।

रुआँसे होकर प्रधानमंत्री ने कहा, "मातादीनजी, हम आपके और भारत सरकार के बहुत आभारी हैं। अब आप कल देश वापस लौट जाइए।"

मातादीन ने कहा, "मैं तो 'टर्म' खत्म करके ही जाऊँगा।"

प्रधानमंत्री ने कहा, "आप बाक़ी 'टर्म' का वेतन ले जाइए—डबल ले जाइए, ट्रिपल ले जाइए।"

मातादीन ने कहा, "हमारा सिद्धान्त है। हमें पैसा नहीं, काम प्यारा है।"

आख़िर चाँद के प्रधानमंत्री ने भारत के प्रधानमंत्री को एक गुप्त पत्र लिखा।

चौथे दिन मातादीनजी को वापस लौटने के लिए अपने आई.जी. का ऑर्डर मिल गया।

उन्होंने एस.पी. साहब के घर के लिए एड़ी चमकाने का पत्थर यान में रखा और चाँद से विदा हो गए।

उन्हें जाते देख पुलिसवाले रो पड़े।

बहुत अरसे तक यह रहस्य बना रहा कि आख़िर चाँद में ऐसा क्या हो गया कि मातादीनजी को इस तरह एकदम लौटना पड़ा? चाँद के प्रधानमंत्री ने भारत के प्रधानमंत्री को क्या लिखा था?

एक दिन वह पत्र खुल ही गया। उसमें लिखा था :

'इंस्पेक्टर मातादीन की सेवाएँ हमें प्रदान करने के लिए अनेक धन्यवाद। पर अब आप उन्हें फ़ौरन बुला लें। हम भारत को मित्र देश समझते थे, पर आपने हमारे साथ शत्रुवत् व्यवहार किया है। हम भोले लोगों से विश्वासघात किया है।

आपके मातादीनजी ने हमारी पुलिस को जैसा कर दिया है, उसके नतीजे ये हुए हैं :

कोई आदमी किसी मरते हुए आदमी के पास नहीं जाता, इस डर से कि वह क़त्ल के मामले में फँसा दिया जाएगा। बेटा बीमार बाप की सेवा नहीं करता। वह डरता है, बाप मर गया तो उस पर कहीं हत्या का आरोप न लगा दिया जाए। घर जलते रहते हैं पर आग बुझाने कोई नहीं जाता—डरता है कि कहीं उस पर आग लगाने का जुर्म क़ायम न कर दिया जाए। बच्चे नदी में डूबते रहते हैं और कोई उन्हें नहीं बचाता। इस डर से कि उस पर बच्चे को डुबोने का आरोप न लग जाए। सारे मानवीय सम्बन्ध समाप्त हो रहे हैं। मातादीनजी ने हमारी आधी संस्कृति नष्ट कर दी है। अगर वे यहाँ रहे तो पूरी संस्कृति नष्ट कर देंगे। उन्हें फ़ौरन रामराज में बुला लिया जाए।'

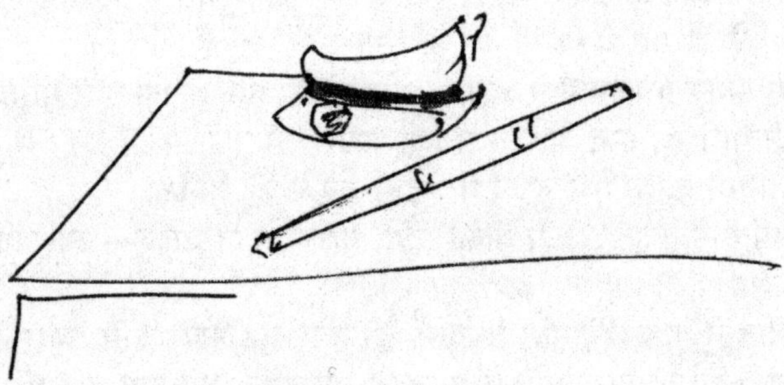

# फ़िल्मी रोमांच

प्रिय जोशीजी महाराज,

इतने विशेषांक लगातार निकाल रहे हो कि पाठक को याद नहीं आता कि कोई लेख शिकार विशेषांक में पढ़ा था कि सिंगारदान विशेषांक में। हर बार विशेषांक में लिखते-लिखते लेखक को अविशेष होने का एहसास ही नहीं हो पाता। रहस्य-रोमांच विशेषांक का वक़्त तो गुज़र गया। मगर आगे फ़िल्म विशेषांक है। रहस्य-रोमांच की अनुभूति जगा ही रहा था कि फ़्लू हो गया। बीमारी से भी रोमांच होता है। एक आदमी से मैंने पूछा था—तुम्हें रोमांच होता है?

उसने कहा—हाँ, ख़ूब जाड़ा देकर जब मलेरिया चढ़ता है तब रोमांच होता है। देख रहा हूँ बीमारियों से अनुभूतियाँ पैदा हो रही हैं। बहुत लोगों को हिस्टीरिया से राष्ट्रवाद की अनुभूति पैदा होती है और जुकाम से मानवतावाद की। सोचा था, मेरा प्यारा फ़्लू रोमांच का कम-से-कम एक लेख दे ही जाएगा। मगर वह धोखा देकर

निकल गया। बीमारी से फ़ायदा उठाना भी तो हर एक को नहीं आता; वरना ऐसे लोग भी हैं जो बीमारी के ज़रिए इनाम लेते हैं, किताबें बेचते हैं और पाठ्यपुस्तक में चले जाते हैं।

बहरहाल, सोचा कि एक चिट्ठी से दो विशेषांक मार दूँ—रहस्य-रोमांच भी और फ़िल्म भी।

ज़िंदगी सपाट है, उत्तेजनाहीन है। इसलिए लोग रोमांचित होने के लिए फ़िल्म देखते हैं। मगर मुझे फ़िल्में भी काम नहीं दे रही हैं। फ़िल्मवाले पूरी कोशिश करते है कि रहस्य बना रहे, दर्शक को रोमांच होता रहे, मगर मैं सब पहले से जान लेता हूँ। 'महबूब' फ़िल्म बड़ी उम्मीद से देखने गया। मगर 'कास्ट' देखते ही लगा, पूरी फ़िल्म देख ली। राजेंद्रकुमार की शादी साधना से होकर रहेगी। फ़िल्म निर्माता ने दोनों को लाखों रुपये क्या इसलिए दिए होंगे कि वे किसी और से शादी कर लें। ज़रा सोचने की बात है। प्राण अगर है तो कहीं किसी स्टेज पर बाधक बनेगा या हीरो-हीरोइन को तंग करेगा या उनके घरवालों को तंग करेगा। अगर वह दुष्टता नहीं करेगा तो कल से कौन निर्माता उसे काम देगा। मेरे सामने पर्दे पर तरह-तरह के झाँसे देकर मुझे रोमांचित करने की कोशिश की जा रही है और मैं डायरेक्टर से कहता हूँ कि यार, क्यों झाँसा देता है। राजेंद्रकुमार और साधना की शादी तो होगी। झटपट करा दे तो घर जाएँ। हमारा और हीरो-हीरोइन का समय व्यर्थ क्यों नष्ट करता है? निम्मी? गानेवाली? मैं जानता हूँ, अन्त में वह पवित्र निकलेगी क्योंकि हीरो की बहन है। गँवार भी कह देगा कि हीरो की बहन पवित्र ही होती है। शम्मी कपूर और शर्मिला टैगोर अगर फ़िल्म में हैं तो कितने भी झटके दे, शम्मी कपूर को शादी शर्मिला से ही करनी पड़ेगी। कैसे नहीं करेगा? उसके बाप को करनी पड़ेगी।

प्यारे भाई, शेख मुख़्तार ने किसी भी फ़िल्म में किसी का नुक़सान नहीं किया। हमेशा दुष्टों से लड़ा और अच्छों की मदद की। जिसका ऐसा क्लीन रिकार्ड हो, उसके बारे में मैं कैसे मान लूँ कि यह इस बार कुछ और कर बैठेगा। आख़िर शराफ़त भी तो कोई चीज़ है। और मित्र 'साधु और शैतान' में बड़ी कोशिश की गई कि मैं पहचान न पाऊँ कि शैतान ओमप्रकाश है या प्राण। मगर मैंने बैठते ही कह दिया—इस प्राण का कैरेक्टर मैं सौ फ़िल्मों में देख चुका हूँ। इस बार भी वह शैतानपन से बाज नहीं आएगा। किसी ने देखा है कभी कि बेचारे ओमप्रकाश ने किसी का नुक़सान किया हो। हमेशा भला और दुखी इंसान रहा है वह। मैं कैसे मान लूँ कि इस फ़िल्म में वह एकाएक शैतान हो जाएगा।

एक फ़िल्म में बलराज साहनी, राज कपूर और वहीदा रहमान थे। मेरा दोस्त कह रहा था-यह लड़की बलराज से शादी करेगी। वह रहस्य का अनुभव करने लगा था। मैंने कहा, चाहे जो बीच में हो जाए, शादी राज कपूर से ही होगी। तुम्हें कभी

याद है बलराज ने शादी की? वह शरीफ़ आदमी है। अगर वहीदा पीछे ही पड़ जाए तो भी वह कह देगा—नहीं, वह, मेरा भाई! अशोक कुमार को तब से जानता हूँ जब उसने शादी शुरू की थी। 'अछूत कन्या' में 'मैं वन का पंछी बन के वन-वन में डोलूँगा' गाता था। तब से जब तक शादी की उम्र रही, उसी ने हीरोइन से शादी की। मुझे कभी उसने रोमांच नहीं होने दिया।

बन्धु, फ़िल्मवाले पूरी कोशिश करते हैं कि मुझे रोमांचित कर दें। वे दूसरे लड़कों से शादी तय करा देते हैं। उसे वेदी पर बिठा देते हैं। हवन होने लगता है। पण्डित विवाह का मंत्र पढ़नेवाले ही हैं। हॉल में बाक़ी दर्शक हाय-हाय कर रहे हैं। कोई-कोई कहते हैं—देखें, अब क्या होता है। मगर मैं चैन से बैठा हूँ। मुझे मालूम है, शादी तो हीरो से ही होगी। वह पुरोहित बाईं आँख के कोने से डायरेक्टर की तरफ़ देख रहा है कि जल्दी हीरो को भेजो। हीरो नोटों का बंडल लेकर प्रकट होता है और हॉल के लोग चकित रह जाते हैं। मैं नहीं। मैं इस हीरो को पचास फ़िल्मों से जानता हूँ। हर बार तिकड़म करके पट्ठा शादी जमा लेता है। इस बार कैसे चूक सकता है?

मुझे रोमांचित करने के लिए डायरेक्टर कभी-कभी अतिरिक्त प्रयत्न भी करता है, बेचारा। लड़के का दुष्ट मगर रईस बाप किसी तरह राज़ी नहीं हो रहा है ग़रीब हीरोइन से लड़के की शादी करने के लिए। मैं कथा-लेखक की कठिनाई समझता हूँ। दृश्य पर्दे पर आता है कि बाप पहाड़ी रास्ते से कार चला रहा है। नीचे हज़ार फुट गहरी खाई है। कैमरा तरह-तरह के कोण दिखाकर मुझे रोमांचित करने की कोशिश कर रहा है। मगर मैं जानता हूँ कि पिताश्री का अंतिम समय आ गया। कहानी में यह साला बाप किसी तरह नहीं पट रहा है। यह कहानी को आगे बढ़ाने के लिए मारा जाएगा—डूबकर या कार-दुर्घटना में या साँप काटने से। मैं उसका गिरना और मरना शान्ति से ग्रहण कर लेता हूँ। क्या किया जाए? देह क्षणभंगुर है। सब डायरेक्टर की इच्छा पर निर्भर है। फ़िल्म को आगे बढ़ाना है। तुम अगर रास्ते में खड़े हो तो तुम्हें मरना ही पड़ेगा।

ग़रीब-अमीर की फ़िल्में मुझे दिखाकर भी बड़ी कोशिश की गई कि मैं रहस्य-रोमांच-पीड़ित हो जाऊँ। देखें अब क्या होता है? ग़रीब लड़की की शादी रईस प्रेमी से होती है या नहीं? ये सवाल ही मेरे मन में नहीं उठते। मैं जानता हूँ 'पैसा या प्यार' में प्यार जीतेगा। पिछले पच्चीस सालों से फ़िल्में देख रहा हूँ। पच्चीस सालों से रईस का बेटा ग़रीब की लड़की से शादी कर रहा है। फिर भी लोग पूँजीवाद के पीछे हाथ धोकर पड़े हैं। अज़ीब बदतमीज़ी है।

नहीं होता, कोई रोमांच नहीं होता। डायरेक्टरो, तुम कितनी भी कोशिश करो। तुम हीरोइन को पहाड़ी की कगार पर खड़ी करते हो। नीचे नदी बह रही है। वह कूदनेवाली है। मुझे पाँच-सात मिनट, यह दृश्य दिखाते हो कि मैं हाय-हाय करने

लगूँ। रोमांचित हो जाऊँ। पर मैं जानता हूँ कि आत्महत्या की जगह 'भारत साधु समाज' की तरफ़ से एक साधु तैनात है जो आत्महत्या करनेवाली सुंदरियों को बचाता है। वह आएगा और कूदती हुई प्रेमिका को पीछे से पकड़कर कहेगा—'बेटी! निराश मत हो।' अगर वह कूद भी जाए तो भी मैं निश्चिन्त रहता हूँ। वहाँ नदी के किनारे या तो डायरेक्टर ने तब तक हीरो को भेज दिया होगा, जो नदी में कूदकर उसे बचा लेगा, या कोई मल्लाह नाव लेकर तैयार होगा। ऐसी धाँधली हो नहीं सकती कि हीरोइन डूबकर मर जाए। अगर आधी फ़िल्म में वह मर गई तो बाक़ी फ़िल्म में हीरो क्या करेगा? कौन निर्माता इतना बेवकूफ़ है कि पैसे भी दे और डेढ़ घंटा हीरो को बेकार रखे।

कोशिश ज़ारी है। स्मगलरों की कार आगे है और पुलिस की पीछे। टेढ़े-मेढ़े रास्ते, घाटियाँ। स्मगलरों की कार बढ़िया है और ड्राइवर उस्ताद। दौड़ रही हैं मोटरें। डायरेक्टर यह भुलावा देना चाहता है कि स्मगलर बच निकलेंगे। पर मैं जानता हूँ, पुलिस उनको पकड़ लेगी। अगर पुलिस ने स्मगलर नहीं पकड़े तो सेंसर बोर्ड फ़िल्म को पास नहीं करेगा। सेंसर बोर्ड के दो ही काम तो हैं—देशवासियों को चूमा-चाटी से बचाना और पुलिस का रिकॉर्ड उज्ज्वल रखना।

रेलगाड़ी आ रही है। लाइन पर लड़का खड़ा है। रेल सीटी दे रही है। लड़का हट नहीं रहा है। हाय, अब क्या होगा? कुछ नहीं होगा। लड़का मर नहीं सकता। कोई अपना लड़का क्या फ़िल्म में रेल से कट मरने के लिए भेजेगा? गाड़ी रुकेगी नहीं तो वह ख़ुद उलट जाएगी और लड़का बच जाएगा। हो सकता है, आसपास डायरेक्टरों ने किसी एक्स्ट्रा को छिपा रखा हो, जो लड़के को खींच लेगा।

जोशीजी, पूरी कोशिश करके भी ये लोग रहस्य-रोमांच पैदा नहीं कर सकते। मैं एक्टर-एक्ट्रेसों की नस-नस जानता हूँ। मैं कास्ट देखकर ही सारे रहस्य खोल देता हूँ। हीरो का चमचा है, तो उसकी शादी हीरोइन की चमची से पक्की है। यह विधाता का अमिट लेख है। दिलीप कुमार पर्दे पर दिखता है तो यह तय है कि उसकी शादी प्रेमिका से नहीं होगी। कितना भी प्रेम पक जाए, शादी दूसरे से होगी और यह शरीफ़ प्रेमी होने के कारण बदला भी नहीं लेगा—सिर्फ़ रोएगा। जब उसकी प्रेमिका को कोई पटा लेता है तब मुझे कोई दुःख नहीं होता। मैं जानता हूँ, पर्दे पर उसकी शादी हो ही नहीं सकती। वह विवाह-मंडप में बैठ जाता है। विवाह का मंत्र भी शुरू हो जाता है। मगर मैं जानता हूँ, एक-दो क्षणों में कुछ होगा, जिससे इसकी पत्नी कट जाएगी। उसे लाखों रुपये निराश होने और रोने के मिलते हैं। वह शादी करके क्या पेट पर लात मारेगा? तीसरे दर्ज़े का एक्टर भी उसकी प्रेमिका को पटा सकता है। मैंने दस साल पहले कह दिया था कि इसकी शादी होगी, तो वास्तविक जीवन में ही होगी। दूसरी तरफ़ कपूर ब्रदर्स शादी के लिए ही बने हैं। शम्मी, पम्मी, लम्मी, कोई भी कपूर हो, कितनी भी बन्दर-एक्टिंग

करे, मैं जानता हूँ यह गंभीर प्रेमी बनेगा और हीरोइन शादी करके सारी उछल-कूद भुला देगी।

तुम्हीं बताओ, ऐसे में कोई रहस्य कहाँ से लाए? कैसे रोमांच का अनुभव हो? मुझे सिर्फ़ तब रोमांच होता है जब सिनेमा हॉल में बिजली फेल हो जाती है या फ़िल्म बीच में कट जाती है या औरत को छेड़ने से हंगामा हो जाता है। इन स्थितियों के सिवा स्टंड-से-स्टंड फ़िल्म में भी कोई रहस्य-रोमांच नहीं।

अगर इस चिट्ठी को लेख का दर्जा हासिल हो, यानी यह थर्ड क्लास का टिकट लेकर गेटकीपर से दोस्ती के कारण फर्स्ट क्लास में घुसे—तो इसे छाप देना।

तुम्हारा
हरिशंकर परसाई

# प्रेम पुजारी : अगर मैं फ़िल्म बनाता

मेरे मकान के पास सड़क है। सड़क है तो लाजिमी है कि फ़िल्मों के विज्ञापन प्रसारित करते लाउडस्पीकर घूमेंगे ही। एक दिन मैंने सुना—'आइए और सारदा थियेटर के सुनहले पर्दे पर देखिए इस वर्ष की सर्वश्रेष्ठ फ़िल्म 'प्रेम पुजारी'! 'प्रेम पुजारी!'

मुझे अपने क़स्बे के मन्दिर के पुजारी की याद आ गई। वे सच्चे प्रेम पुजारी थे और एक भक्तिन को लेकर भाग गए थे। धर्म पूजा से निभ जाता था। अर्थ चढ़ोत्तरी से। तीसरा नंबर काम का है। भक्तिन भगवान के प्रेम में विभोर मन्दिर में आती थी कि पुजारीजी बीच में आ गए। जब भगवान का भोग खाते हैं तो भगवान की भक्तिन को लेकर क्यों नहीं भाग सकते? वे भाग गए और प्रेम-पुजारी हो गए, क्योंकि भक्तिन के परिवारवालों ने उनकी अच्छी पिटाई की।

मैं इसी आशा से फ़िल्म देखने गया कि हमारे पुजारी-जैसी ही कोई स्टोरी होगी। पर वहाँ दूसरी ही स्टोरी थी। देवानन्द प्रेम पुजारी है और उसकी वहीदा रहमान से शादी होती है। कहानी कुल इतनी ही है। सुना है पहले यह फ़िल्म पाँच मिनट की थी। यह जब बंबई में दिखाई गई तो देवानन्द स्टेज पर आकर बोला—"प्यारे दर्शको! यह फ़िल्म मेरी वहीदा से शादी के लिए बनाई गई है। आप देखिए, पाँच मिनट में हुई जाती है।"

तभी दर्शक चिल्ला पड़े—"नहीं, ढाई घंटे बाद होगी। ज़रा धीरज रखो। हमने ढाई घंटे के पैसे दिए हैं। हम ढाई घंटे कुछ-न-कुछ देखेंगे, तब शादी होने देंगे। गड़बड़ की तो आग लगा देंगे।"

बेचारा डायरेक्टर-लेखक-नायक देवानन्द मजबूर हो गया। उसने किसी तरह ढाई घंटे की कहानी बनाई।

देवानन्द सिपाही है। वहीदा नर्तकी है। चीनी हमला होता है। यहाँ नायक में आदर्श डालना ज़रूरी है। वह अहिंसक और युद्ध का विरोधी है। वह चीनियों से दया के कारण नहीं लड़ता। लड़ता तो सबको अकेला ही मार डालता, क्योंकि वह मामूली सिपाही नहीं, हिन्दी फ़िल्म का नायक है। कोर्ट मार्शल होकर उसे सज़ा होती है। वह जेल से निकल भागता है, क्योंकि हिन्दी फ़िल्म का नायक है। तभी संयोग देखिए कि उसे एक हवाई जहाज़ उतरता हुआ मिल जाता है, जिसे चला रही है जहीदा। दूसरी औरत मिल जाएगी तो नायक उसके साथ हो जाएगा, लेकिन इससे वहीदा के साथ उसकी शादी में कोई विघ्न नहीं आएगा। इतनी शिक्षा फ़िल्म दर्शक की हो चुकी है।

हवाई जहाज़ मिल गया है, और चलानेवाली सुन्दर औरत है तो नायक क्या बेवकूफ़ है कि देश में ही वक़्त ख़राब करेगा। वह जाता है लन्दन, पेरिस, मेड्रिड और जाता है नाइट क्लबों में। वह करता है जासूसी। तभी पाकिस्तानी हमला होता है। वह अहिंसा भूल जाता है क्योंकि उसे देश वापिस लौटना है, क्योंकि वहीदा उसका इंतज़ार कर रही है। पर शादी से पहले उसे कोई पराक्रम तो बताना ही है। वह अकेले ही अपने गाँव की रक्षा पाकिस्तानी हमलावरों से कर लेता है। देश पर हमला हुआ था, तब वह अहिंसक था। गाँव पर हमला हुआ तो लड़ने लगा। चीनियों से लड़ने के वक़्त अहिंसावादी हो गया, मगर पाकिस्तान के वक़्त हिंसावादी हो गया। कहाँ है स्वतंत्र पार्टी और जनसंघ के लोग? वे आवाज़ क्यों नहीं उठाते कि यह नायक चीनियों से मिला हुआ है।

जिसने अकेले पाकिस्तानियों को हरा दिया, उसके सामने खलनायक की क्या बिसात? नायक की वहीदा से शादी हो जाती है।

फ़िल्म देखकर मुझे लगा कि कसर रह गई। इस कहानी में बहुत सम्भावनाएँ थीं। इतना लम्बा-चौड़ा कैनवस। इतने विचित्र संयोग। नायक जेल से भाग जाता

है। उसे ज़मीन पर खड़ा चीनी जासूस का हवाई जहाज़ मिल जाता है। वह लंदन, पेरिस, मेड्रिड जा सकता है। लौटकर अकेला ही पाकिस्तानी हमलावरों को खदेड़ देता है। देवानन्द को सब संयोग मिल सकते हैं और वह सब कुछ कर सकता है, तो फ़िल्म में और भी चमत्कार भर सकता है। वह सिर्फ़ शादी में दिलचस्पी रखनेवाला हीरो तो है नहीं। वह डायरेक्टर भी है। शादी तो पक्की है। पर दर्शकों के लिए कुछ और चमत्कार तथा संयोग तो डाल ही सकता था।

मुझ जैसे मामूली कथा-लेखक से पूछ लेता तो मैं ही बता देता।

मसलन चीनी हमला। माना कि नायक अहिंसावादी है। मगर अहिंसा के भी तरीक़े हैं, हमलावर से निपटने के। देवानन्द वहीदा को लेकर गौरीशंकर की चोटी पर चढ़ जाता और वहाँ दोनों गाना गाते—'आज हिमालय की चोटी से फिर हमने ललकारा है। दूर हटो, ए चीनी लोगो हिन्दुस्तान हमारा है।' इस गाने को सुनकर संभव है कि चीनी फ़ौज भाग जाती। लौटते वक़्त उन्हें हिममानव मिल जाता। वह उन्हें खाने को दौड़ता। पास आने पर चौंक जाता। कहता—आप क्या वहीदा रहमाऩ हैं? वहीदा कहती—हाँ, तुमने कैसे पहचाना? हिममानव कहता—मैंने आपको फ़िल्म 'प्यासा' में देखा था। वह गाते हुए नाचने लगता—'जाने क्या तूने कही, जाने क्या मैंने सुनी।' वहीदा यह बताए बिना कि यह गाना 'बैकग्राउंड' का है, वहाँ से देवानन्द का हाथ पकड़कर भाग जाती। क्या बढ़िया प्रसंग छोड़ दिया।

जब देवानन्द दुश्मन के जासूसी विमान में उड़ता है, तब भी बड़ी सम्भावनाएँ थीं। जहाज़ 'टेक ऑफ़' कर रहा था, तभी वहीदा बाल बिखराए गाना गाते दौड़ती जाती और देवानन्द एक रस्सी डाल देता जिसे पकड़कर वहीदा विमान में चढ़ जाती। तब दोनों अफ़्रीका के जंगलों में भी जा सकते थे। लंदन, पेरिस में ही सब कुछ थोड़े रखा है। अफ़्रीका के जंगलों में कोई वनमानुष वहीदा पर दीवाना हो जाता। वह उसका पीछा करता और देवानन्द वनमानुषों की नस्ल को ही खत्म कर देता। हिन्दी फ़िल्म के हीरो-हीरोइन के लिए क्या मुश्किल है!

माना कि देवानन्द वहीदा को रस्सी डालकर विमान में नहीं खींच सकता था, क्योंकि उधर जहीदा बैठी थी। मगर क्या वहीदा दूसरे विमान से प्रेमी की खोज में यूरोप के शहरों में नहीं जा सकती थी? वह गाती हुई लंदन की सड़कों पर घूमती कि देवानन्द उसे मिल ही जाता। मैंने देखा कि फ़िल्मों में बंबई और कलकत्ता में नायिका नायक को इस तरह खोज लेती है जैसे वे चार-पाँच गलियोंवाले गाँव हों। लंदन क्या कोई बड़ा शहर है? कुल छह-सात गलियों का गाँव है। हिन्दी फ़िल्म की नायिका वहाँ अगर पैदल ही घूमे तो उसे बेवफ़ा नायक किसी गली में मिल ही जाएगा। जब नायक ख़ुद ही डायरेक्टर हो, तब तो और आसान है।

एक बात और पैदा हो सकती है। देवानन्द अगर भाग गया था, तो वहीदा तो रह गई थी। वह फ़ौज में भरती हो जाती और पुरुष कैप्टन के रूप में मोर्चे पर जाती।

वहाँ चीनी जनरल उस पर मुग्ध हो जाता। वहीदा उसे अपने रूप से बहकाकर उसका सिर काटकर ले आती और जवाहरलाल नेहरू के सामने रख देती। हिन्दी फ़िल्म की नायिकाओं ने क्या ऐसा नहीं किया है। इस स्थिति में तो नेहरूजी ख़ुद तीन मूर्ति में दोनों की शादी करवाते। फ़िल्म 'हिट' होती।

मैं पूछता हूँ—अगर देवानन्द यूरोप गया था तो क्या अमेरिका नहीं जा सकता था? वहाँ जाकर क्या केप केनेडी से अपोलो-12 चन्द्रयान नहीं चुरा सकता था? उसे लेकर अपने गाँव जाता और वहीदा से कहता—चल, बैठ। ज़रा चाँद की यात्रा कर आएँ। दोनों चाँद पर उतरते और देखते कि चाँद काली मिट्‌टी का है। वहीदा गाती-चाँद का मुखड़ा क्यों शरमाया? देवानन्द जवाबी गाना गाता—बुद्धू, तुम्हें देखकर मुरझाया।

मुझे अफ़सोस है कि थोड़ी और कल्पना में कंजूसी करके कथा को बरबाद कर दिया। मैं डायरेक्टरों की मदद के लिए हमेशा तैयार रहता हूँ, पर मुझसे कोई पूछता ही नहीं।

# मुखड़ा क्या देखे फ़ोटू में!

मेरे सामने एक चित्र है। एक प्रदेश का मंत्री प्रधानमंत्री को सूखाग्रस्त इलाक़ा दिखा रहा है। सूखा, बाढ़ और दंगा—ये सबसे सुन्दर प्राकृतिक दृश्य इस देश में हैं, जिन्हें प्रदेश के मंत्री, प्रधानमंत्री और विदेशी अतिथियों को दिखाते रहते हैं। इस चित्र में मंत्री हँस रहा है, जैसे कोई विकास प्रदर्शनी दिखा रहा हो।

सूखा दिखाते हुए यह मंत्री क्यों हँस रहा है? शायद हमेशा हँसने की उसकी आदत बन गई है। क्योंकि हर छः महीनों में कांग्रेस के नए-नए गुटों की सरकार बनती रहती है, पर वह हर मंत्रिमंडल में रहता है। वह सरकार बनानेवाले गुटों के नेता से कह देता है—सरकार, कांग्रेस पार्टी एक मकान है। इसके मालिक बदलते रहते हैं। पर मैं तो इस मकान में झाड़ू लगानेवाला हूँ। वे मालिक थे, तब उनके मकान में झाड़ू लगाता था। आप नए मालिक हैं, तो आपके मकान में झाड़ू लगाऊँगा। निरन्तर कांग्रेस पार्टी के मकान में झाड़ू लगाकर मंत्री बने रहने की सफलता

से शायद वह हँस रहा है। फिर हर साल तो सूखा पड़ता है। कोई कब तक उदास होकर उसे दिखाये।

एक दूसरी बात भी मेरे मन में उठती है। सार्वजनिक जीवन में हर वह मौक़ा जहाँ कैमरा हो, उत्सव होता है और उत्सव के नायक हँसने लगते हैं। दूसरा एक चित्र है। किसी देश का राजदूत अपने एक प्रदेश के स्वास्थ्य मंत्री को बाढ़-पीड़ितों के लिए दवाइयाँ भेंट कर रहा है। बाढ़ में सैकड़ों गाँव मिट गए। हज़ारों जानें गईं। कालरा फैल जाने से लोग तड़ातड़ मर रहे हैं। ऐसे में राजदूत को रोते हुए दवाइयाँ देना था और अपने मंत्री को रोते हुए लेना था। मगर विदेशी राजदूत मुस्करा रहा है और अपना यह बोदा मंत्री हँस रहा है। राजदूत कह रहा होगा—"आपके देश में बाढ़ की तबाही देखकर हमें बड़ी प्रसन्नता है। कालरा फैल जाना हमारी प्रसन्नता को और बढ़ाता है। इस ख़ुशी के मौक़े पर हम ये दवाइयाँ आप को भेंट करते हैं। आशा है, ऐसे शुभ अवसर आगे भी आएँगे।"

और अपना यह मंत्री कह रहा है—"हमारे लोगों की तबाही देखकर आप ख़ुश हुए, जानकर हम कृतार्थ हैं। हम कोशिश करेंगे कि अगले साल इसी मौसम में इससे ज़्यादा तबाही हो।"

यह सब कैमरे के कारण होता है। मेरा एक दोस्त नेता है। वह अपने बाप की चिता को आग दे रहा था कि उसे कैमरा दिख गया। वह मुस्कराने लगा। वह फ़ोटो अख़बारों में छुपी। मैंने उससे कहा—"यार, तू पिता को आग देते वक़्त मुस्कराने क्यों लगा?"

उसने जवाब दिया—"यार, कैमरा देखकर मुझे लगा कि मैं स्वर्ग में पिताजी के लिए बनाए गए नए भवन का उद्घाटन कर रहा हूँ।"

पंडित नेहरू के अस्थिपात्र सब राज्यों को गए थे। राज्यों के मंत्रियों ने इन्हें प्रदेश की सीमा पर ग्रहण किया था। तब के चित्र मैंने देखे थे। मंत्री हँसते हुए नेहरू के अस्थिपात्र ग्रहण कर रहा है, जैसे कह रहा है—"कितनी प्रसन्नता की बात है कि जिन नेहरूजी के नेतृत्व में हमने इतने वर्ष काम किया, उनकी राख आज हमारे हाथों में है।"

फ़ोटो का मोह अद्भुत है। कैमरा आदमी से बड़ा कौतुक कराता है। जब कैमरा ईजाद नहीं हुआ, नरसीसस पानी के कैमरे में अपनी फ़ोटो देखता था। वह अपने पर इतना रीझ गया कि मर गया। अपने पर रीझनेवाले अक्सर मरते देखे गए हैं। राजनीति में, साहित्य में कितने ही मैंने देखे हैं जो अपने पर रीझते-रीझते मृत्यु को प्राप्त हो गए।

मगर नरसीसस की 'ट्रेजेडी' बेकार गई। कोई उससे सीखने को तैयार नहीं। एक साहब के एलबम में सैकड़ों उन्हीं की फ़ोटो हैं—विभिन्न मुद्राओं, विभिन्न स्थानों पर, विभिन्न प्रसंगों में। उनसे अगर कोई पूछे कि सबसे सुन्दर प्राकृतिक दृश्य कौन-

सा है तो वे कहेंगे—"मेरा चेहरा। दाढ़ी वन है, मुँह गुफा और नाक पहाड़ी।" अगर कोई कलाकार लैंडस्केप चित्रण के लिए सुन्दर दृश्य की तलाश में हो, तो वे कहेंगे—"इधर-उधर क्यों भटकते हो! मेरा चेहरा तो हाज़िर है। इसी का चित्रण करो।"

एक और साहब हैं, जिनके अलबम में बहुत बड़े आदमियों और बहुत छोटों के साथ उनकी तस्वीरें हैं। मैंने इसका रहस्य जानना चाहा, तो उन्होंने समझाया—"देखो भई, जब कभी मन में उच्चता की भावना जागती है और अहंकार का अनुभव करता हूँ, तो फ़ौरन किसी बड़े आदमी के साथ खिंची अपनी फ़ोटो देख लेता हूँ। सोचता हूँ—मैं कितना छोटा हूँ—और अहंकार का लोप हो जाता है। जब मन में हीनता जागती है, तब किसी छोटे के साथ खिंची फ़ोटो देख लेता हूँ और सोचता हूँ—मैं दूसरों की तुलना में काफ़ी बड़ा हूँ। बस हीनता भाग जाती है।"

बहुत लोगों के लिए ताजमहल तुच्छ है, अगर वे उसके साथ फ़ोटो में नहीं खिंचे हैं। कोई प्राकृतिक दृश्य कितना ही अच्छा हो बेकार है, अगर वे उसके बीच में फ़ोटायित नहीं हुए हैं। मैं एक साहब के साथ उनकी कार में लम्बी यात्रा पर गया था। हम चार मित्र थे। एक के पास कैमरा था। रास्ते में कोई सुन्दर दृश्य दीखता, तो वे कार रुकवाते। हम लोग तो दृश्य का मज़ा लेते, पर वे उसके सन्दर्भ में अपने को जमाकर कहते—"फ़ोटो खींचो।" अच्छी पहाड़ी दिखी तो हम तो उसके सौन्दर्य को देखने लगे, पर वे उसकी तरफ़ पीठ करके खड़े हो गए और बोले—"फ़ोटो खींचो।" कल-कल करता झरना बह रहा है। हम उसे देख रहे हैं। पर वे बीच में, एक चट्टान पर खड़े होकर कह रहे हैं—"फ़ोटो खींचो।" उन्होंने किसी भी प्राकृतिक दृश्य का मज़ा नहीं लिया। वे सिर्फ़ उसके साथ फ़ोटो में खिंचते रहे।

बड़ा आदमी भी एक तरह का लैंडस्केप है, जिसके साथ फ़ोटो-प्रेमी खिंचना चाहता है। बड़ा आदमी सिर्फ़ सुन्दर ही नहीं होता, कुछ फ़ायदा करनेवाला भी होता है। भेड़ाघाट के जलप्रपात से शिक्षामंत्री ज़्यादा सुन्दर प्राकृतिक दृश्य है, यह मैंने ख़ुद एक बार देखा था। तब प्रपात को कोई नहीं देख रहा था। सब मंत्री को देख रहे थे। मंत्री तो दूर, कलेक्टर भी ताजमहल से भव्य होता है। ताजमहल परमिट नहीं दे सकता, पर कलेक्टर दे सकता है। समझदार आदमी ताजमहल को छोड़, कलैक्टर के साथ फ़ोटो खिंचवाने की कोशिश करेगा।

बड़े के साथ फ़ोटो खिंचवाने की कशमकश मैंने देखी थी। एक समारोह का उद्घाटन करने मुख्यमंत्री पधारे थे। उद्घाटन के बाद फ़ोटोग्रुप होना था। उनके दाहिने कौन बैठेगा, यह तय था। स्थानीय संसद सदस्य को हटाना असम्भव था। बाएँ बाजू उनकी बग़ल में बैठने के लिए मेरे दो आदरणीय साहित्यकारों में कशमकश थी। दोनों बाएँ बाजू उनसे सटकर चल रहे थे। कभी एक पास हो जाता और कहता—"आपका स्वास्थ्य अब कैसा रहता है?" फिर दूसरा उसे कुहनी से हटाकर पास हो जाता और कहता—"आप बीमार होते हुए भी तिल-

तिल करके अपने को देश के लिए दे रहे हैं।'' मैं पीछे से इस सर्कस को देख रहा था। जिसे किसी के साथ फ़ोटो में नहीं खिंचना, वह बड़ा सुखी प्राणी होता है।

लेकिन बिना इस तरह की कशमकश के सहज ही बड़े आदमी के साथ हो जाने की एक तरकीब मैंने देखी और चकित रह गया। जब ख्रुश्चेव और बुलगानिन भारत यात्रा पर आए थे, तब का चित्र मैंने एक संसद सदस्य के कमरे में टँगा देखा। ख्रुश्चेव और बुलगानिन के साथ जवाहरलाल और डॉ. राजेन्द्र प्रसाद खड़े हैं। पीछे तीसरी पंक्ति में वे संसद सदस्य खड़े हैं और दो आदमियों के कन्धों के बीच से झाँककर कैमरे से कह रहे हैं—''यार, ज़रा मेरा भी ख़याल रखना।'' चित्र के नीचे संसद सदस्य ने लिखा है—रूसी प्रधानमंत्री बुलगानिन तथा पार्टी नेता ख्रुश्चेव के साथ संसद सदस्य अमुकजी। चित्र में जवाहरलाल नेहरू तथा डॉ. राजेन्द्रप्रसाद भी दिखाई पड़ रहे हैं। नार्थ एवेन्यू में किसी संसद सदस्य की बैठक में यह चित्र अभी भी टँगा मिल जाएगा।

यही सब गोलमाल देखकर कबीर ने कहा था—'तेरे दया धरम नहिं मन में, मुखड़ा क्या देखे दरपन में!' 'कबीर' क्या यह सोचता था कि अगर मन में अच्छी भावना नहीं, तो फ़ोटो अच्छी नहीं आएगी। नहीं बाबा, मक्कारों की फ़ोटो अच्छी नहीं आती है। एक आदमी चेहरे से दानी दिखता था, पर वह शहर छोड़कर गया तो मालूम हुआ कि वह कई के रुपये खा गया।

इसीलिए अपनी एक भी फ़ोटो मुस्कराने की नहीं मिलेगी। फ़ोटोग्राफरों ने बहुत कोशिश की पर मुझे मुस्करा नहीं सके। कहता है—जरा मुस्कराइए। मैं नहीं मुस्कराता, तू मेरा क्या बिगाड़ लेगा! मेरे भीतर कुटिलता, नफ़रत, द्वेष भरे हैं और तू कहता है, मैं निर्मल मुस्कान लाऊँ। यह नहीं होगा।

*दुनिया-भर की लुच्चाई है छोटू में,*
*मुखड़ा क्या देखे फ़ोटू में।*

# सबटेनेंट की कथा

अंग्रेज़ी में उसे 'सबटेनेंट' कहते हैं। यह जाति पहले पश्चिम में पैदा हुई थी, इसलिए नाम भी उधर से ही आया है। एक पंडितजी आग्नेयास्त्र को तो मिसाइल का पूर्वज मानते हैं, पर वे भी कहते हैं कि महाभारत काल में कोई सबटेनेंट नहीं होता था। लिहाज़ा मैं राष्ट्र–गौरव को बिना क्षति पहुँचाए यह मान सकता हूँ कि सबटेनेंट आधुनिक शहरी सभ्यता की उपज है। देशी भाषा में उसे उप–किरायेदार कह सकते हैं।

एक किरायेदार होता है, टेनेंट। यह किरायेदार अपने किराये के मकान का एक हिस्सा किसी को किराये पर दे देता है। जैसे स्थापित भिखारी उखड़े हुए भिखारी को अपनी भीख में से एक पैसा दे दे। वह उप–किरायेदार याने सबटेनेंट हुआ।

मानव जाति की यह एक नई उप–नस्ल है। सबटेनेंट साधारण आदमी से भिन्न प्रकार का प्राणी होता है। यह एक अन्तरराष्ट्रीय जाति है। इसे उप–मानव भी कह

सकते हैं। मनुष्य जाति का भविष्य एक हद तक सबटेनेंट के चरित्र, प्रकृति और कर्म पर निर्भर है। मज़दूर वर्ग को संगठित करके जो क्रान्ति की योजना बनाते हैं, वे सोचें कि अगर 'दुनिया के सबटेनेंटो, एक होओ' का नारा देकर यह प्राणी खड़ा हो गया, तो वर्ग-क्रान्ति का क्या रूप होगा।

मैंने देखा है, सबटेनेंट होते ही आदमी बदल जाता है। छः फुटा अपने को बौना समझने लगता है। एक ख़ूबसूरत आदमी सबटेनेंट हो गया तो उसने मुहल्ले की स्त्रियों की तरफ़ देखना बन्द कर दिया। वह अपने को बदसूरत समझने लगा था। एक ज़ालिम पुलिस अफ़सर कुछ महीनों के लिए सबटेनेंट हो गए थे, तो वे मुलज़िम की तरह बर्ताव करने लगे।

विश्वविद्यालय के कुलपति अगर सबटेनेंट हो जाएँ तो वे अपने को ऐसा छात्र समझने लगेंगे जो परीक्षा में दबा-दबा नक़ल कर रहा है।

किसी शेर को बकरे का सबटेनेंट बना दीजिए। वह क्या बकरे को खा जाएगा? नहीं, वह मेमना हो जाएगा।

मेरे एक दोस्त ने सबटेनेंट रख लिया है। वह उसी के महकमे में काम करता है और तबादले पर आया है। दोनों का एक-सा ओहदा और ग्रेड है। वह मेरे दोस्त से ज़्यादा सुन्दर, स्वस्थ और बुद्धिमान है। उसकी बीवी मेरे दोस्त की बीवी से ज़्यादा सुन्दर और सुसंस्कृत है।

मगर वह सबटेनेंट है और मेरा दोस्त टेनेंट।

मैं दोनों को बदलता देख रहा हूँ। मेरे दोस्त की हीनता की भावना चली गई है। साढ़े तीन कमरों का मकान उसके बाप ने पच्चीस साल पहले चालीस रुपये किराये पर लिया था। अब साठ हो गया है। दोस्त ने इसमें से डेढ़ कमरे सबटेनेंट को चालीस रुपये महावार पर दे दिए हैं। ख़ुद दो कमरों में बीस रुपयों में रहता है। उसे ग्लानि कभी नहीं हुई कि उसने एक संकटग्रस्त साथी का शोषण कर लिया। उसे ख़ुशी है कि दुनियादारी के हिसाब से यह एक उपलब्धि हुई। चौबीस घंटे बग़ल में उसकी कृपा पर निर्भर एक आदमी सहमता-सा रहता है, वह एहसास उसके मन को ऊँचा उठाता है।

इधर सबटेनेंट को लगता है कि उसका शोषण हो रहा है। वह अन्याय का शिकार है। अपनी असमर्थता के बोध से उसका मन खीझ और हीनता से भर गया है। वह अपने को पीड़ित और अभागा मानता है। वह एहसान से दबा हुआ अनुभव करता है। उसे यह डर भी घेरे रहता है कि न जाने कब टेनेंट उसे निकाल दे। वह असुरक्षित महसूस करता है। उसे लगता है, रेत के टीले पर वह बैठा है और टीला खिसक रहा है। वह हीनता, ग्लानि और आशंका में जीता है। उसका निजत्व चला गया, व्यक्तित्व टूट गया, साहस साथ छोड़ चुका है।

सबटेनेंट होना उसकी समस्त चेतना पर छा गया है। वह अक्सर कहता पाया जाता है—"अरे भैया, अपना क्या है : अपन तो सबटेनेंट हैं।"

यह सहमता-सा घर में घुसता है, सहमता बाहर निकलता है। मुहल्ले में इस तरह चलता-फिरता है जैसे कोई विदेशी घुसपैठिया है। टेनेंट की बीवी उसे कभी दरवाज़े पर खड़ी दिख जाती है, तो वह मुँह फेर लेता है।— सबटेनेंट को टेनेंट की बीवी को देखने का हक़ नहीं है, ऐसी उसकी मान्यता है। उसकी बीवी सुन्दरी होते हुए भी टेनेंट की बीवी से अपने को हीन समझती है। उसके बच्चे डरे-डरे से रहते हैं। आपस में लड़ पड़ते हैं। कुसूर चाहे टेनेंट के बच्चों का हो, डाँट और मार इसी के बच्चे खाते हैं। मैं देखता हूँ, सबटेनेंट का पूरा परिवार दबी आवाज़ में बोलता है। पार्टीशन के उस तरफ़ से जो आवाज़ें आती हैं, वे कानाफूसी जैसी होती हैं।

पटियों से बनाये कामचलाऊ बाथरूम में सबटेनेंट नहाता होता है, तभी उस तरफ़ से आवाज़ आती है—नल बन्द करो। वह फ़ौरन नल बन्द करके साबुन लगाए बैठा रहता है।

वह सब्ज़ीवाले को पुकारता है तो बड़े धीमे-सहमते स्वर में, जैसे क्षमा याचना कर रहा हो। तेज़ और खुली आवाज़ में किसी को पुकारने का उसे साहस नहीं है।

कभी भिखारी को आटा देना है, तो इस तरह जैसे ख़ुद भीख ले रहा हो।

टेनेंट मेरा सहकर्मी है। मैं अक्सर उसके पास जाता हूँ। मुझे देखते ही सबटेनेंट खड़ा हो जाता है और कहता है—"पाठकजी घर पर ही हैं।" वह इसे अपनी ड्यूटी समझ बैठा है कि टेनेंट के दोस्तों को उसकी उपस्थिति के बारे में बताए। या शायद वह अपनी सुरक्षा के लिए मुझे ख़ुश रखना चाहता है।

कभी-कभी उसका मन सिर उठाता है। वह मानवोचित आत्मसम्मान की अभिव्यक्ति करना चाहता है। पर ज्यों ही उसे ख़याल आता है कि वह सबटेनेंट है वह दब जाता है। उसकी और मेरे दोस्त की बैठक के बीच लकड़ी का पार्टीशन है। हम इस तरफ़ बैठते हैं, तो वह उस तरफ़ कम-से-कम हलचल करता है। बात बहुत धीमे करता है।

एक दिन उसे पता नहीं था कि हम लोग इधर बैठे हैं। वह भन्ना उठा। वह किसी से बोला—"हमने तो साहब से साफ़ कह दिया कि नौकरी करते हैं, तो अपने को बेचा नहीं है। यह रखा है इस्तीफ़ा।"

यहीं मेरा दोस्त ज़ोर से खाँसा। सबटेनेंट एकदम बुझ गया। लाचार स्वर में बोला—"पर भैया, नौकरी आख़िर नौकरी ही है। दबकर निभाना पड़ता है।"

हम लोगों ने एक दिन की हड़ताल रखी थी। मैं और मेरा दोस्त हड़ताल में शामिल थे। सबटेनेंट जानता था कि हड़ताल फेल होगी। वह काम पर चला गया। शाम को लौटा तो अपराधी की तरह। धीरे-से साइकिल रखकर बैठ गया। इधर से मेरे दोस्त ने कहा—"यार, हड़ताल फेल कैसे न हो जब अपने बीच में ऐसे गद्दार हैं।"

उसने सुना। वह उस दिन से और ज़्यादा हीन बन गया।

महीने-भर बाद फिर हड़ताल हुई। सबटेनेंट ने इस बार मन को बहुत पक्का बना लिया था। वह बता देना चाहता था कि वह कायर नहीं है। संघर्ष कर सकता है। ख़तरा उठा सकता है। उसने तय किया कि काम पर नहीं जाएगा। पर हम दोनों ने यह तय किया कि हम हड़ताल में शामिल नहीं होंगे। हम दोनों काम पर जाने को निकले तो देखा कि सबटेनेंट बड़ी शान से बैठा है। पहली बार मैंने उसके चेहरे पर बेफ़िक्री और गर्व देखा।

चलते-चलते मेरे मित्र ने कहा, ''कुछ पिद्दी समझते हैं कि वही क्रान्ति कर लेंगे।''

उसने सुना और ढीला हो गया।

हम दफ़्तर पहुँचे तो देखा, पीछे-पीछे वह भी चला आ रहा है।

# फ़ोन टालने की कला

फ़ोन की घंटी बजी। उठाया तो उधर से मीठी आवाज़ आई—परसाईजी हैं? व्यंग्यकार की तबीयत ख़ुश। शायद किसी कहानी की तारीफ़ करेगी। कहेगी—हम इत्ते हँसे, इत्ते हँसे कि कुछ मत पूछिए। ऐसे सुरीले फ़ोन पर राजेन्द्र यादव पूरा उपन्यास लिख डालता है (देखिए भूमिकाएँ)। मैंने कहा—"मैं बोल रहा हूँ।"

सुरीली आवाज़ ने कहा—"ज़रा अंकल से बात करिए।"

तब मोटी भद्दी आवाज़ आई—"हैलो, मैं रल्लाराम बोल रहा हूँ। सा'ब चार महीने हो गए। कपड़ों का बिल नहीं पटाया आपने। ऐसा कैसे चलेगा जी?"

सारी रसानुभूति रल्लाराम ने नष्ट कर दी। लोग कितने गिर गए हैं कि तगादा करने के लिए सुरीले कंठ का इस्तेमाल करने लगे हैं। एक्सचेंज से क्या ऐसा इन्तज़ाम नहीं हो सकता कि चेतावनी मिल जाए—परसाईजी, सुरीली आवाज़ के धोखे में मत आना। यह रल्लाराम का तगादे का फ़ोन है।

फ़ोन नियामत है और बला भी। फ़ोनवाले के लिए आदमी इतने प्रकार के होते हैं—(1) जिनसे उसकी गरज़ है, (2) जिनकी उससे गरज़ है? (3) जो उसके देनदार हैं, (4) जो उसके लेनदार हैं, (5) जिनके पैसे वह खाना चाहता है, (6) जो उसके पैसे खाना चाहते हैं, (7) जो उसे बोर करने की इच्छा रखते हैं, (8) जिन्हें बोर करने की पवित्र इच्छा वह मन में पालता है।

इन आठ तरह के आदमियों में से चार से इन्सान फ़ोन पर बात करना चाहता है और चार को टालना चाहता है। मगर यह बड़ा मुश्किल काम है। फ़ोन पर 'हलो' कहा और उधर से रल्लाराम बोल पड़े, तो क्या कीजिएगा। कह तो सकते नहीं कि मैं वह नहीं हूँ, जिसने आपका कपड़ों का बिल नहीं चुकाया। एक साहब का मैं क़र्ज़दार नहीं हूँ, मगर उनके फ़ोन से डरता हूँ। वे पूरे अख़बार की बात कर जाते हैं। रिसीवर पकड़े-पकड़े मेरा हाथ दुखने लगता है और वे कहे जाते हैं—चीन ने सैटेलाइट छोड़ दिया। अब क्या होगा? मैं क्या बताऊँ? यह सवाल भारत सरकार से पूछना चाहिए। मगर वे मुझसे फ़ोन पर जवाब-तलब करते हैं।

फ़ोनवाले इन्सान की सबसे बड़ी समस्या फ़ोन टालना होती है। मगर आदमी विचारवान प्राणी है। उसने इसकी भी तरकीब निकाल ली है। एक साहब के पास मैं बैठा था। फ़ोन आते तो नौकर छूटते ही कह देता—"भैयाजी नहीं हैं। आप कौन साहब बोल रहे हैं?" यह सवाल जब किया जाए तब समझ लेना चाहिए कि हैं तो ज़रूर पर वे तय करने का वक़्त चाहते हैं कि आपसे बात करना है या नहीं। नौकर चोंगे पर हाथ रखकर कहेगा—"माधवप्रसाद हैं। माधवप्रसाद से भैयाजी को बात करना है।"

नौकर कहेगा—"ज़रा रुकिए। आसपास दिखवाता हूँ।" ज़रा देर में भैयाजी फ़ोन ले लेंगे और कहेंगे—"हलो, माधवजी, क्या हालचाल हैं?"

आदमी किसी के लिए है और किसी के लिए नहीं है। मैं रल्लारामजी के लिए नहीं हूँ, पर उनकी भतीजी के लिए हूँ। मैं भी झूठ बोलने के लिए एक आदमी बिठा लूँ जो कहे—"अगर रल्लारामजी बात करना चाहते हैं तो वे घर पर नहीं हैं। मगर बहनजी, आप बात करना चाहती हैं, तो वे हैं।"

मैंने देखा है, लोग बेखटके झूठ बोलते हैं। छूटते ही कहते हैं—वे नहीं हैं। आप कौन साहब बोल रहे हैं? पर नम्बर दीजिए। अगर बात करना है, तो थोड़ी देर बाद फ़ोन कर लेंगे। कहेंगे—मैं बाहर गया था। अभी लौटा। कहिए, क्या बात है?

समस्या यह है कि ऐसे आदमी को कैसे पकड़ा जाए, जो हमेशा कहलवा देता है कि नहीं है, जो आपको टाल देता है। इसकी भी कुछ तरकीबें हैं। अनुभव से बताता हूँ। एक साहब ने मेरा एक काम करने का वादा किया था, पर कर नहीं रहे थे। मैं जब भी फ़ोन करता, जवाब मिलता, नहीं हैं। आप कौन साहब बोल रहे हैं,

मैं अपना नाम बता देता। वे एक मिशन के कॉलेज में पढ़ाते हैं। उनके प्रिन्सिपल मिस्टर विल्सन हैं। एक दिन मैंने अपनी आवाज़ बदली।

बोला—"इज़ मिस्टर शुक्ला देअर? आई एम विल्सन एट दिस एन्ड।"

लड़के ने कहा—"अभी बुलाता हूँ।" वे फ़ौरन फ़ोन पर आए। बोले—"हलो, मिस्टर विल्सन।"

मैंने कहा—"विल्सन नहीं, परसाई बोल रहा हूँ। वह काम हुआ कि नहीं?"

वे चकराये। बोले—"पर तुमने विल्सन साहब के नाम से क्यों बुलाया?"

मैंने कहा—"इसलिए कि मेरे नाम से तो आप घर पर होते नहीं हैं। बॉस के नाम से ही आपको पकड़ा जा सकता है।" आगे इससे एक ही गड़बड़ी हुई। विल्सन साहब का फ़ोन आता, तब भी वे कहलवा देते—'नहीं हैं', इस डर से कि कहीं विल्सन के नाम से परसाई न बोल रहा हो।

एक पाठ्य-पुस्तक प्रकाशक से मुझे रुपये लेने थे। उन्होंने झूठ बोलने के लिए अपने पिता को रख लिया था। लेन-देन बेटा करता है और फ़ोन पर झूठ बाप बोलता है। मैं जब भी फ़ोन करूँ—"लक्ष्मीप्रसाद हैं?" तो पिता मुझसे ही पूछें कि आप कौन बोल रहे हैं। मैं अपना नाम बताऊँ तो पिता कह दें—"वह तो नहीं है।" पचीसों फ़ोन करके जब मैं असफल हो गया तो एक दिन मैंने आवाज़ और बोली बदली—मैंने पूछा—"लछमी भैया उतै हैं का?"

पिता ने पूछा—"आप कौन बोल रहे हो?"

मैंने कहा—"हम कोठारी आय। सागर सों आए हैं। कछू किताबें ख़रीदनी हैं। लछमी भैया से बात करा दो।"

लक्ष्मीप्रसाद फ़ौरन फ़ोन पर आए। बोले—"कहिए, कोठारीजी, कौन-सी किताबें चाहिए?"

मैंने कहा—"यार, मैं कोठारी नहीं, परसाई बोल रहा हूँ। तुम मेरे रुपये क्यों नहीं भिजवाते?"

उन्होंने भी कई ग्राहकों को खोया होगा, इस डर से कि ग्राहकों के बहाने कहीं परसाई न बोल रहा हो।

ऋषि कण्व जब दुष्यन्त को फ़ोन लगाते होंगे, तो कोई पूछता होगा—"कौन बोल रहे हैं?"

ऋषि कहते होंगे—"मैं कण्व बोल रहा हूँ।"

जवाब मिलता होगा—महाराज आखेट पर गए होंगे।

तब किसी दिन ऋषि की मेधा मेरी तरह तीव्र हुई होगी। उन्होंने कहा होगा—"महाराज दुष्यन्त हैं? कहना कि शृंगालराज बात करना चाहते हैं!" दुष्यन्त फ़ोन पर आया होगा। बोल होगा—"कहिए श्रृंगालराजजी, सपरिवार प्रसन्न हैं? वृष्टि अच्छी हुई होगी। प्रजा धन-धान्य से सम्पन्न होगी। गोधन वृद्धि पर होगा।"

कण्व ने कहा होगा—"अरे पापी, मैं कण्व बोल रहा हूँ। तू लड़की के पेट में बच्चा डालकर चला गया। अब इससे शादी करने से क्यों मुँह मोड़ता है?"

एक साहब को मैंने और तरह से पकड़ा। उनसे चन्दा लेना था। वे वादा कर चुके थे, पर टाल रहे थे। मैंने फ़ोन किया। उनका झूठ बोलने में प्रशिक्षित नौकर वहाँ नहीं था। दूसरे नौकर ने कह दिया कि वे हैं। फिर उसने उनसे कहा—"परसाईंजी का फ़ोन है।"

वे चिल्लाये—"अरे, क्यों कह दिया कि मैं घर में हूँ।" मैंने सुन लिया। नौकर ने कहा—"वे नहीं हैं, साहब!"

मैंने नौकर से कहा—"वे घर में हैं। उनसे कह दो कि मैंने सुन लिया है कि उन्होंने तुम्हें अभी डाँटा है कि क्यों कह दिया कि घर पर हैं।" नौकर ने उनसे कह दिया। वे नैतिक रूप से घायल हो गए। नतीजा अच्छा निकला। उन्होंने शाम को चन्दा ख़ुद ही भिजवा दिया।

कई तरकीबें हैं आदमी को फ़ोन पर पकड़ने की। कई तरकीबें हैं आदमी को फ़ोन पर नहीं मिलने की। अपनी-अपनी प्रतिभा के मुताबिक सब अपने को बचाते हैं और दूसरों को फँसाते हैं।

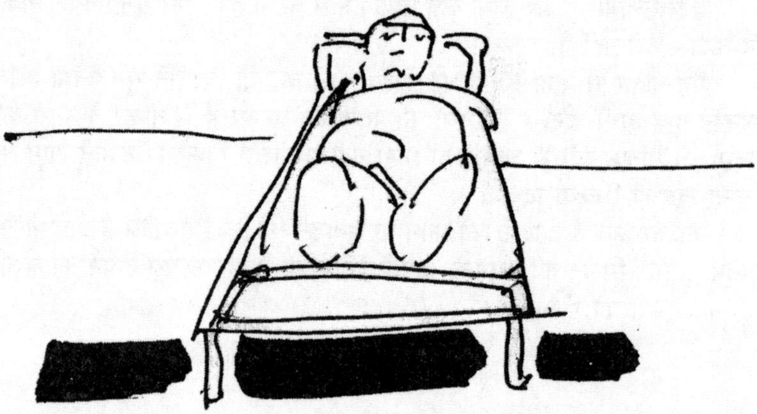

# अपना चाचा–एशियाई फ़्लू

एशियाई चाचा आए हैं। मेरा मतलब एशियाई फ़्लू से है। पुरखों ने बीमारियों को माँ–बाप बनाने की प्रथा चला रखी है। चेचक को माता कहते हैं तो फ़्लू को चाचा कहना रिश्तेदारी के हिसाब से बिलकुल उचित है। यों एक साहब कह रहे थे, ''जो लोग बीमारियों से लड़ने के बजाय उन्हें माँ–बाप बना लें, उनका भला भगवान ही कर सकता है।'' बात सही है। आदमी से हमने कभी अपना भला नहीं करवाया। बड़े–बड़े आदमी हो गए हैं, जो हमारा भला करने को उत्सुक थे, मगर कोई बता दे, हमने उन्हें अपना भला करने की छूट दी हो तो! कोई आदमी अगर मना करने से नहीं मानता और हमारा भला करने पर उतारू ही हो जाता है तो हम उसे गोली भी मार देते हैं।

इस बार एशियाई चाचा पश्चिम का दौरा करके भारत आए हैं। पश्चिमी साम्राज्यवाद पर चाचा ने धावा बोल दिया था। हज़ारों जानें ले लीं। पश्चिम वालो, तुम्हारे पास बम हैं, तो हमारे पास बीमारियाँ हैं। तुम इधर पूर्व में बम बरसाओगे तो

हम फ़्लू बरसाएँगे। तुम आक्रामक के रूप में कभी प्लेग लाए थे, हम सद्भावना मंडल के साथ फ़्लू भेज देते हैं। हम पर तुम्हारा प्लेग का क़र्ज़ चढ़ा था। फ़्लू से हमने चुका दिया। ब्याज में कोई छोटी बीमारी अगले साल हम भेज देंगे। हिसाब बराबर। भूल-चूक लेनी-देनी। ई. एंड ई. ओ.।

यूरोप से चाचा फ़्लू भारत आ गए। इधर तो दरवाज़े खुले ही रहते हैं। हर बीमारी का स्वागत है—अतिथि देवोभव। एक विशिष्ट राष्ट्र-उन्माद भाई कह रहा था—''हमारी महान मातृभूमि देवभूमि के पास क्या 'स्वकीय' बीमारियों की कमी है जो 'परकीय' बीमारी बुलाती है? गेहूँ भी विदेशी और बीमारी भी विदेशी।'' मैंने कहा, ''शर्मिन्दा मत होओ। हम फ़्लू का भारतीयकरण कर लेंगे।'' दो-तीन साल पहले यही चाचा जापानी फ़्लू के नाम से आए थे। बाद में जापान ने इसे एशिया को समर्पित कर दिया। जापान में पूर्व का गौरव बहुत है। अपनी बीमारी पर 'मेड इन एशिया' चिपकाकर दुनिया में फैला देता है। जापान के पास बीमारियाँ अपने से कम हैं। साम्राज्यवाद नाम की बीमारी उसकी क्रॉनिक थी, पर वह उससे भी ज़बरदस्त साम्राज्यवादी एंटीबायोटिक से हिरोशिमा में मिट गई थी। लेकिन जो भी बीमारियाँ बची हैं, उनका वह बड़ी उदारता से वितरण करता है। एक हम हैं जिनके पास बीमारियों का स्टॉक पहले से ही अच्छा है और अब तो बीमारियों के कारख़ाने भी खुल गए हैं। पर हम निर्यात नहीं करते। कीचड़ तो निर्यात करने लगे हैं। पिछले साल छत्तीस लाख रुपयों का कीचड़ हमने दूसरे देशों को बेचा। जब यह ख़बर अख़बार में पढ़ी तो देशाभिमान से एक हफ्ता पागल रहा। अहा, विदेशी भारतीय कीचड़ पर दीवाने हैं। अमृत की वर्षा होने की कथाएँ बचपन से पढ़ रहा हूँ, पर बिका तो कीचड़ बिका। अगर बीमारी का निर्यात करने लगे तो पंचवर्षीय योजनाओं की सारी विदेशी मुद्रा का इन्तज़ाम हो जाए। व्यापार और उद्योगमंत्री मुझसे ही पूछेंगे कि कौन-सी बीमारी का निर्यात कर दें? मैं इस वक़्त कोई बीमारी सुझा नहीं सकता। पहले मैं बता देता कि 'पाखंड' नाम की क्रॉनिक बीमारी को दुनिया में फैला दो। पर जातियों की बीमारियों के विशेषज्ञ कहते हैं, पाखंड संक्रामक बीमारी नहीं है। इसके 'कीटाणु' उसी जाति के शरीर में रहकर उसी को खोखला करते रहते हैं।

बीमारी नहीं तो नशे तो बाहर गए ही हैं। सुना है, भारतीय गाँजा और चरस पश्चिम में बहुत लोकप्रिय है। नशे के मामले में हम बहुत ऊँचे हैं। कई नशे हैं—धर्म का, जाति का, नस्ल का, अध्यात्म का। दो नशे ख़ास हैं—हीनता का नशा और उच्चता का नशा। हीनता का ऐसा नशा पिछड़े-से-पिछड़े देश में भी नहीं मिलेगा। इस नशे की दो-चार फूँक लेने से ऐसे सामूहिक उद्गार निकलते हैं—हाय, हम बड़े दुखी, बड़े पतित लोग हैं। हाय, हम पर हमेशा अत्याचार होते हैं। हम इतने भले लोग हैं, पर हाय, हम पर जुल्म होते हैं। हम बड़े पिछड़े हुए लोग हैं। इस नशे का कमाल यह है कि इसकी पिनक में यह बात अच्छी लगती है कि हम मारे जाते हैं। कोई कहे कि तुमने भी मारा, तो बुरा लगता है। उच्चता का नशा चढ़ने पर हम बड़बड़ाते हैं—भारत विश्व का गुरु है। सारा

ज्ञान-विज्ञान हमारे पुरखे प्राप्त कर चुके। अब आगे कुछ है ही नहीं। हीनता और उच्चता के ये नशे बारी-बारी से चढ़े रहते हैं। हमारा नशा कभी उतरा ही नहीं।

डॉक्टर कहते हैं—साहब, यह 'वाइरस इंफेक्शन' है। वाइरस प्रकृति बदलता रहता है। इस साल एक तरह का वाइरस है तो अगले साल दूसरे तरह का। मैं समझ गया—वाइरस स्वतंत्रता के बाद बुद्धिजीवी की तरह है। डॉक्टर कहता है—वाइरस का इसलिए कोई स्थायी इलाज नहीं खोज सकते। सही है। बुद्धिजीवी का भी कोई स्थायी इलाज नहीं है।

तो फिर फ़्लू का इलाज क्या करते हैं? डॉक्टर कहता है—बस, सिम्पटम, यानी लक्षण का इलाज करते हैं। सिम्पटम का इलाज सुविधा की बात है। रोग की जड़ पकड़ सकने में और उसे नष्ट करने में जब असमर्थ हो, तो सिम्पटम का इलाज तो करना ही चाहिए। छात्र-आन्दोलन हो, तो विश्वविद्यालय बन्द कर दो। खाद्य के लिए आन्दोलन हो, तो दफ़ा 144 लगा दो। दंगा हो तो राष्ट्रीय एकता परिषद की मीटिंग बुला लो। लक्षणों का इलाज ही तो चल रहा है, बीमारी का निदान करने की ज़रूरत नहीं।

एक 'ब्राड स्पेक्ट्रम एंटीबायटिक' कहलाता है। इस बात की झंझट बिना उठाए कि बीमारी क्या है, डॉक्टर इसे मरीज को खिलाते जाते हैं। यह कई तरह के इन्फेक्शन मार देता है। इसमें बड़ा सुभीता यह है कि डॉक्टर को यह पता ही नहीं है कि बीमारी क्या है, पर इलाज बराबर होता जाता है। कई ब्राड स्पेक्ट्रम एंटीबायोटिक्स हैं—प्रस्ताव है, परिषद् है, आश्वासन है, न्यायिक जाँच है, कमीशन है—ये सब फेल हो जाएँ तो भारतीय दंड-संहिता है। लोग कहते हैं—तो विशेषज्ञ को क्यों नहीं दिखाते? विशेषज्ञ 'राजनाम' की बराबरी का होता है। पुरखों का विश्वास था, अन्त समय 'राजनाम' से मुक्ति मिलती है। अब विशेषज्ञ से मुक्ति मिलती है—यानी मरने के पहले विशेषज्ञ बतला दे कि इस बीमारी से मरे, तो जीवन-मरण के बन्धन से मुक्ति मिल गई। मगर विशेषज्ञ भी एकदम कहाँ होता है। पिछली बार जब मैं बीमार पड़ा था, तो चार-पाँच हितचिन्तक चार-पाँच विशेषज्ञ ले आए थे और हर हितचिन्तक यह चाहता था कि उसी के डॉक्टर से मैं अच्छा हो जाऊँ। मैं बड़े संकोच में पड़ा। इसके डॉक्टर से अच्छा हो गया तो वह बुरा मान जाएगा। एक हितचिन्तक से मुझे रुपये उधार लेने थे। उसे मैं नाराज़ नहीं करना चाहता था। लिहाज़ा मैंने उसी के डॉक्टर से दवा ली। रुपया उधार तो मुझे मिल गया पर बीमारी ज़रा लम्बी हो गई। कोई हर्ज नहीं। यह देश भी तो शुभचिन्तकों के डॉक्टर की दवाइयाँ खा रहा है। संकोच के कारण न डॉक्टर बदल सकता, न दवा।

आसपास के लोग फ़्लू से कराह रहे हैं। कराहने का भी अलग-अलग अन्दाज़ होता है। किसी की कराह क्षमा-याचना जैसी होती है, किसी की कराह हुंकार जैसी। जैसे बर्मा कराहता है, वैसे कांगो नहीं। वियतनाम की कराह तो बिलकुल अलग ढंग की है। कराहते सब हैं, मगर कराहने की आदत नहीं पड़नी चाहिए, जैसी

हमारी पड़ गई। इस्पात का उत्पादन बढ़ जाए तो भी कराहेंगे, और सूखा पड़ जाएगा तो भी कराहेंगे।

एशियाई चाचा ने दुनिया-भर को कराह दी। मेरा एशियाई गर्व फटा पड़ रहा है। बीमारियाँ मुफ्त बाँटने के लिए अपने पास बहुत हैं। धर्मार्थ औषधालय या खैराती दवाख़ाना है, तो धर्मार्थ रोग-वितरण केन्द्र भी है। नए रोगों का उत्पादन करके इधर भेज रहा है। कोई बात नहीं। एक चीनी पीला बुखार हमने फेंक दिया है, तो यह हाल है कि चीन और अमेरिका के राजदूत पिछले दस सालों से रोज जिनेवा में मिलकर उसका इलाज ढूँढ़ रहे हैं।

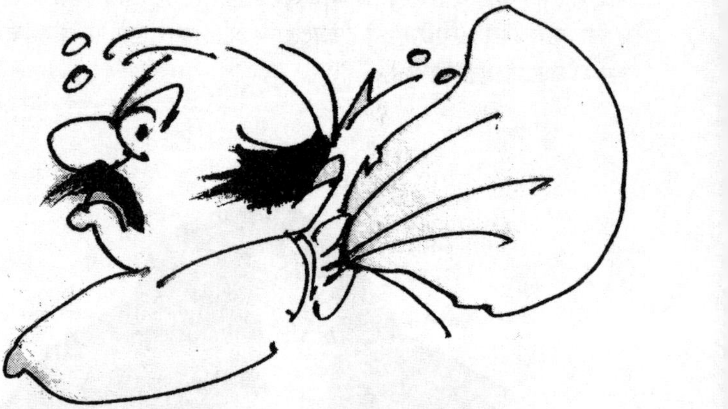

# दूसरे की महिमा ढोनेवाले

मैं उनका परिचय कराता हूँ। उनका नाम है—रघुनाथ प्रसाद पांडे। मैं कहता हूँ, 'आपसे मिलिए। आप हैं श्री रघुनाथ प्रसाद...' वे बीच में बोल पड़ते हैं, 'आई एम दी ब्रदर-इन-ला ऑफ डॉ. राजेन्द्र शर्मा।' इसके पहले कि मैं उनका नाम पूरा बताऊँ, वे डॉ. राजेन्द्र शर्मा के 'ब्रदर-इन-ला' हो जाते हैं। वे कुछ नहीं हैं, मगर किसी को भी उन्होंने अपना पूरा नाम मालूम नहीं होने दिया है। लिहाज़ा जब वे आते दिखते हैं, तो लोग कहते हैं—देखो, ब्रदर-इन-ला आ रहे हैं! मैं लोगों को उनकी टोपी बताना चाहता हूँ, पर वे उसके ऊपर डॉ. शर्मा की महिमा का टोकना रखे रहते हैं। बहुत लोग हैं, जिनका व्यक्तित्व जब मुँह उघाड़ने लगता है, तो वे किसी की महिमा का कनटोप पहन लेते हैं।

एक निहायत शरीफ़ आदमी हैं। दूसरों की मदद करने को हमेशा तत्पर रहते हैं। सारी अच्छाइयाँ उनमें हैं। बस एक ही ख़राबी है—उनके ससुर बड़े और मशहूर आदमी थे। यों बहुतों के ससुर बड़े और मशहूर होते हैं। पर कई दामाद अपने ससुर की महिमा

ढोने की ज़िम्मेदारी नहीं लेते। बड़ी मेहनत का काम है। ज़िन्दगी कुलीगिरी करते गुज़र जाती है, और मज़दूरी में जो थोड़ी-सी प्रतिष्ठा मिल जाती है, बहुत कम है। ये बेचारे अपने को मिटाकर फादर-इन-ला की महिमा जमाया करते हैं। कुत्ता ख़ुशक़िस्मत है, जो कि अपने फादर-इन-ला को नहीं जानता, न उनकी महिमा से वाक़िफ़ है। वह अपने ही स्वर में भौंक लेता है। जो दुम हिलाता है, वह भी उसकी अपनी होती है।

ये भले आदमी हर बात में ससुर का सन्दर्भ निकाल लेते हैं। फ़र्नीचर की बात हो रही है, तो वे अपने फादर-इन-ला की पसन्दगी की बात चला देंगे। सब्ज़ी ख़रीदते दिख गए, तो मैंने कहा, "सब्ज़ी ख़रीदी जा रही है।" उन्होंने टमाटर छाँटना बन्द कर दिया और बताने लगे कि ससुर साहब को कौन-सी सब्ज़ी पसन्द थी और वे कहाँ से मँगाते थे। एक दिन पड़ोस के बीमार बच्चे के लिए डॉक्टर को बुलाने जा रहे थे। मैंने पूछ लिया, "इतनी फुर्ती में कहाँ चले जा रहे हैं?" वे साइकिल से उतर गए। बोले, "वर्मा साहब के लड़के की तबीयत बहुत ख़राब है। डॉक्टर को लेने जा रहा हूँ। फादर-इन-ला जब तक थे, तो मुहल्ले में किसी को चिन्ता करने की ज़रूरत नहीं थी। वे फ़ौरन डॉक्टर को बुलाकर दवा का इन्तज़ाम कर देते थे।"

एक दिन एक रिक्शेवाला बीमार पड़ गया—उधर वर्मा साहब का बच्चा चीख रहा था, इधर ये मुझे बता रहे थे कि ससुर साहब ने किन-किन की जान बचाई थी। बेचारे अच्छा काम करने निकलते हैं कि रास्ते में फादर-इन-ला अटका लेते हैं। अगर उनके घर में कभी आग लग जाए तो वे बुझाने के पहले यह बताएँगे कि फादर-इन-ला कैसे आग बुझाते थे। उनकी पत्नी चिल्लाएँगी कि घर फुँका जा रहा है। फायर ब्रिगेड बुलाओ न। ये कहेंगे—ठहर जा। जाता तो हूँ—हाँ, तो एक दिन शाम को फादर-इन-ला ने देखा कि सामने के घर से धुआँ निकल रहा है...सोचता हूँ एक दिन उनसे कहूँ—आपने सुना, वे जो दीक्षितजी हैं न, उन्हें जूते पड़ गए। तब वे कहेंगे—हाँ, कभी-कभी ऐसा मौक़ा आ जाता है। फादर-इन-ला को भी कई बार जूते पड़े। मगर फादर-इन-ला का जूते खाने का तरीक़ा भी निराला था।

मरे की अपेक्षा जीवित की महिमा ढोना कठिन तो है, पर उससे फ़ायदा ज़्यादा होता है। मैंने बहुत साल पहले एक बड़े की महिमा ढोई थी। मैं उनका बस्ता लेकर चलता था। बस्ते में उनकी महिमा होती थी। किसी की महिमा बीड़ी के कट्टे में होती है और किसी की पान के डिब्बे में। एक आचार्य की महिमा सुपारी-तम्बाकू के बटुए में रहती थी। महिमावाहक चेला; जब गुरु की हाजत होती, तम्बाकू-सुपारी घिसकर पेश कर देता था। एक साहब की महिमा उनके कुत्ते में निवास करती है और महिमा ढोनेवाला उनके कुत्ते की जंजीर लिए रहता है।

महिमाशाली किसी गधे को पकड़कर उसकी पीठ पर अपनी महिमा का चन्दन लादकर बेचता फिरता है। गधा दूसरे गधों को अपनी पीठ सुँघाकर प्रतिष्ठा पाता है। मैं उनका चन्दन लादे फिरता था। पहले उनका चन्दन बाज़ार में ख़ूब बिकता था। मैं

पहुँचते ही हल्का हो जाता और दूसरों को पीठ सुँघाने भाग जाता। फिर ऐसा वक़्त आया कि उनके चन्दन की क़द्र घट गई मैं दिन-भर लादे फिरता और कोई नहीं ख़रीदता। एक दिन मेरे भीतर से आवाज़ आई, ''मूर्ख, इतना चन्दन अब नहीं बिकता। बहुत जल्दी यह तेरे ऊपर कोयला और गोबर लादेगा। समय रहते बच जा।''

मैं सँभल गया। एक दिन जब वे गोबर के कंडे लादकर बाज़ार को चले, मैं बीच में ही बोझ फेंककर भाग खड़ा हुआ।

लादनेवाला जितना उत्सुक होता है, उतने ही उत्सुक लदनेवाले भी होते हैं। कोई-कोई मैंने ऐसे देखे हैं, जो बे-झिझक ज़िन्दगी-भर दूसरे का गोबर लादते हैं। साहित्य में थोड़ी प्रतिष्ठा पा गया, तो मुझे ढोनेवालों ने आ घेरा और बोले, ''दादा, अपनी महिमा कहाँ रहती है? बस्ते में?'' मैंने कहा, ''एक तो साहित्य में 'दादा' अश्लील शब्द है। फिर हम अपनी महिमा ख़ुद ढोते हैं। अभी इतनी हुई ही नहीं है कि टट्टू रखें।''

मगर मेरे साथ ऐसा भी हुआ है कि यह सोचता रहा हूँ कि अपनी ही महिमा ढो रहा हूँ, मगर अन्त में मालूम होता है कि दूसरे की ढो रहा था। एक बड़े अफ़सर मेरे मित्र और प्रशंसक हैं। मैं यात्रा पर था। वे मिल गए। मुझे रेस्ट हाउस ले गए। सेवा करने को उनके बहुत से मातहत थे। उन्होंने देखा कि उनके साहब मेरी बड़ी आवभगत कर रहे हैं। ज़रूर बड़ा आदमी है। वे लोग मेरे प्रति अतिरिक्त सम्मान जताते रहे और ख़ूब सेवा करते रहे। रात रेस्ट हाउस में बिताई। सुबह मातहतों ने बढ़िया नाश्ता कराया। अफ़सर मित्र की गाड़ी मेरी से घंटे-भर पहले छूटती थी। उन्होंने एक क्लर्क से कहा, ''परसाईजी को जबलपुर की गाड़ी में आराम से बिठा देना।'' मैं कई दिनों से यात्रा पर था। किराये के दो रुपये घटते थे। सोचा, इनसे ले लूँगा। मेरे-उनके सम्बन्ध ऐसे ही थे। जब वे स्टेशन के लिए चलने लगे, तो मैंने कहा, ''पाँच रुपये चाहिए। किराया कम पड़ रहा है।'' उन्होंने पाँच का नोट दे दिया। क्लर्क वहीं था। वे तो चले गए। इधर उनके सारे मातहतों का व्यवहार शिष्ट लेकिन शुष्क हो गया। यांत्रिकता से क्लर्क ने मुझे जीप में बिठाया और स्टेशन ले आया। मैंने तीसरे दर्जे का टकट लेने के लिए उसे पैसे दिए। खिड़की पर बड़ी भीड़ थी। वह एक टिकट-कलेक्टर दोस्त के पास गया और उससे कहा—''यार, भीतर से एक टिकट जबलपुर का ला दो।'' उसे पता नहीं था कि उसके ठीक पीछे खड़ा हूँ। टिकट-कलेक्टर ने पूछा—''फर्स्ट क्लास का?'' क्लर्क ने कहा—''अरे, वह क्या फर्स्ट क्लास में जाएगा! अभी तो हमारे साहब से किराये के लिए पाँच रुपये लिए हैं। मालगाड़ी का टिकट मिलता हो, तो उसी में बिठा दो।''

मैं फ़ौरन दूर हट गया। अगर वह जान जाएगा कि मैंने सुन लिया, तो परेशान होगा। मुझे मज़ा आ गया। लेखक होने का यही बड़ा फ़ायदा है। जो बात आम आदमी को बुरी लगती है, लेखक के लिए वह दिलचस्प होती है। मुझे ऐसे बहुत मौक़े मिलते हैं। मैं फ़ौरन खाई हुई चोट में से मानवी सम्बन्धों के निष्कर्ष निकालकर

ख़ुश हो जाता हूँ। निष्कर्ष 1 : मैं जिसे ढो रहा था, वह मेरी नहीं, साहब की महिमा थी। निष्कर्ष 2 : नौकरशाही में मूल्यों की यह गत हो गई है।

एक रिक्शावाले ने भी मुझे इसी तरह ख़ुश किया था। राय के बुक-स्टाल से मैं रिक्शा में बैठता हूँ और घर पर उतरकर पचास पैसे दे देता हूँ। वह ज़्यादा ही है, कम नहीं। बिना किराया पूछे बैठ जाता हूँ और किसी ने कभी शिकायत नहीं की। तो रिक्शे में बहुत चलता हूँ। मुझमें वह रूमानी क्रान्तिकारिता नहीं है जो कहे—हाय, मनुष्य मनुष्य को खींचता है। हम नहीं बैठेंगे। मैं सोचता हूँ—मैं नहीं बैठूँगा तो इसे मुझसे पैसे नहीं मिलेंगे। जब तक इसके लिए दूसरा धन्धा नहीं होता, इसे ज़िन्दा तो रहना है। मैं इसे ज़िन्दा रखने में बाधक बनकर एक थोथे रूमानी जनवाद के अहंकार से क्यों तनूँ? बहरहाल, एक दिन मैंने दो रिक्शेवालों से चलने को कहा। वे ख़ाली नहीं थे। उनकी सवारियाँ शायद आसपास बाज़ार कर रही थीं। तीसरा देख रहा था। वह आकर बोला—"मैं चलता हूँ।" मैं हमेशा की तरह बिना किराया तय किए बैठ गया। उतरा तो वही पचास पैसे दिए।

उसने तपाक से कहा—"तभी तो आपको रिक्शे नहीं मिलते?" मुझे मज़ा आ गया, उसे फ़ौरन पच्चीस पैसे और दिए।

बात महिमा की थी मगर बीच में रिक्शावाला घुस गया। देखो, इन लोगों की सीनाजोरी, हमारी महिमा को चुनौती देते हैं। हम अपनी जाति की हज़ारों सालों की महिमा पीठ पर लादे दुनिया के बाज़ार में घूम रहे हैं। लोग कहते हैं—"पूर्वजों की तो बहुत लदी है। कुछ अपनी भी तो रखो।" हम जवाब देते हैं—"रखने के लिए जगह कहाँ है? देख लो, पीठ पर तिल-भर की जगह नहीं है।" दूध-दही की नदियाँ पूर्वजों ने बहा दी थीं। अब हम पीने के लिए पानी का इन्तज़ाम करके उनकी महिमा को हल्का क्यों करें? सत्य की पराकाष्ठा तो हरिश्चन्द्र कर चुके। हम अब क्या सत्याचरण करें! तैमूर की महिमा से लदे होटल में सलाम करके 'टिप' लेते हैं। 'वसुधैव कुटुम्बकम्' की महिमावाले दंगा कराते हैं।

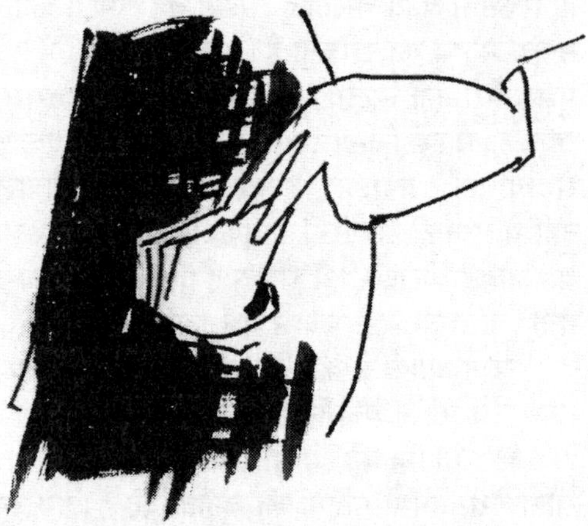

# मेरे ज़ेबकट के नाम

प्यारे भाई,

तूने भोपाल स्टेशन पर रेल के डब्बे के भीतर दस आदमियों के बीच मेरी ज़ेब काट ली थी। आशा है, तू मुझे भूला नहीं होगा। ज़ेब में 175 रुपये थे। गिन लेना। अगर पाँच-दस कम हों तो अगली बार मैं पूरे कर दूँगा। मैं यह नहीं चाहता कि मेरे मन में तो यह रहे कि 175 रुपये गए और तेरे हाथ सिर्फ़ 170 रुपये पड़ें। यह पैसे की बात नहीं है। दस-पाँच इधर-उधर हुए तो क्या फ़र्क़ पड़ता है। बात भावना की है। भावनात्मक बेईमानी मैंने कभी नहीं की।

दोस्त, तूने मेरा बड़ा उपकार किया। चौरासी लाख योनियों में भटकने के बाद तो मानव-देह मिलती है। मनुष्य का जीवन सिर्फ़ एक बार मिलता है और ज़ेब काटने का गौरव सिर्फ़ मनुष्य को विधाता ने दिया है। कुत्ते की ज़ेब नहीं

कटती। मगर वह आदमी भी कितना अभागा है, जिसकी एक बार भी ज़ेब न कटे। ऐसी बेमानी ज़िंदगी जी जाए कि उस पर ज़ेबकट का भी ध्यान न जाए। मैं आत्मग्लानि से पीड़ित था। उम्र बढ़ रही है, न जाने कब कूच का डंका बज जाए। बिना ज़ेब कटे उस लोक में किस मुँह से जाऊँगा? प्यारे, मैं तो ख़ुद ज़ेबकट की तलाश में था। तूने उतनी परेशानी फालतू उठाई। तू मुझसे कह देता कि मैं ज़ेबकट हूँ, तो मैं ख़ुद ही कहता—मैं तेरा कब से इंतज़ार कर रहा हूँ। ले, मेहरबानी करके मेरी ज़ेब काट ले। मेरा जीवन सार्थक कर।

दोस्त, वर्तमान सभ्यता ज़ेबकटी की सभ्यता है। हर आदमी दूसरे की ज़ेब काट रहा है। इस सभ्यता में अपनी ज़ेब बचाने का तरीक़ा यह है कि दूसरे की ज़ेब काटो। सिर्फ़ उसकी ज़ेब सुरक्षित है, जो दूसरे की ज़ेब पर नज़र रखता है। मेरी ज़ेब इसलिए कटी कि मैं अपनी ज़ेब पर ही ध्यान दे रहा था। अगर मैं पास की बर्थ के सेठ की ज़ेब पर ध्यान देता तो मेरी ज़ेब कभी नहीं कटती।

दोस्त, तेरा-मेरा धन्धा एक है। मैं भी ज़ेबकट हूँ। मैं लोगों की ज़ेब में रखे अनुभव निकालकर लिखता हूँ। अनुभवों से भरी कई ज़ेब मैंने काटी हैं। तूने मुझ ज़ेबकट की ज़ेब काट ली। विचार की बात यह है कि नाई नाई से बाल-कटाई के पैसे नहीं लेता, तो क्या एक ज़ेबकट को दूसरे ज़ेबकट की ज़ेब काटनी चाहिए? एक धंधेवालों में जो नैतिकता होती है, उसका पालन तुझसे हुआ या नहीं, यह सोचना तेरा काम है। मैं तो कृतार्थ हूँ कि तूने मेरा जीवन सार्थक कर दिया। मैंने कभी लिखा था कि आदमी कचहरी जानेवाला जानवर है। आज कहता हूँ—आदमी वह जानवर है जिसकी ज़ेब कटती है।

मगर यार, इतने लोगों में तूने मुझे कैसे छाँट लिया? मैं बार-बार अपनी जॉकेट की उस ज़ेब को टटोलता था, जिसमें नोट रखे थे। बात यह है कि मैं टुच्चा आदमी हूँ। लोग तो हज़ारों रुपये ज़ेब में रखे रहते हैं और ध्यान नहीं देते। पर मैं सौ-पचास रुपये लेकर चलता हूँ, तो भी टटोलता रहता हूँ। तूने ताड़ लिया होगा कि मैं ओछा आदमी हूँ, जिसे रुपये लेकर चलने का अभ्यास नहीं है।

या तूने मुझे कोई मालदार आदमी समझ लिया होगा। इधर कुछ मोटा हो गया हूँ। जॉकेट पहन लेता हूँ, तो किराने का व्यापारी लगता हूँ। शरीर ने धोखा दे दिया। पिछले साल मेरे पास दो तगड़े कसरती जवान आए। बोले, "हमारी व्यायामशाला का वार्षिकोत्सव है। उसमें आप प्रमुख अतिथि हों, ऐसी हमारी प्रार्थना है।" मैं बड़े पसोपेश में पड़ा। इन लोगों ने मुझे क्या समझ लिया है? लेखक और व्यायामशाला? मैं अगर मरियल लेखक होता तो क्या ये मुझे मुख्य अतिथि बनाते? मैं कुरते की आस्तीन चढ़ाकर जब निकलता हूँ, तब लगता है उस्ताद शागिर्दों को रियाज कराके नहा-धोकर बादाम ख़रीदने निकले हैं। मैंने

उनसे कहा, "वीरो, यह गौरव दारासिंह या चन्दगीराम को दो। मैं बहुत तुच्छ हूँ।" वे नहीं माने और मुझे जाना पड़ा। इस शरीर ने मेरी क्या-क्या गत नहीं कराई। व्यायामशाला में भिजवाया और ज़ेब कटवाई।

दोस्त, मैं तेरी बुद्धि की दाद देता हूँ। तूने मुझे समझ लिया। तू सेठ पर नहीं रीझा। तू जानता था कि सेठ के पास जाएगा तो वह तेरी ही ज़ेब काट लेगा। हम लेखक लोग मनुष्य के मन और चरित्र का अध्ययन करते हैं। पर तूने जैसा अध्ययन मेरा कर लिया वैसा मैं किसी पात्र का नहीं कर सका। असल में लेखक तुझे होना चाहिए और मुझे ज़ेबकट। न जाने कब से तू मेरे पीछे पड़ा था। तुझे याद होगा, मैं कंडक्टर और एक मुसाफ़िर के बीच का झगड़ा निपटा रहा था। तभी तूने समझ लिया होगा कि मेरी प्रकृति ऐसी है कि दूसरों के मामले में कूद पड़ता हूँ। तूने यह भी ताड़ लिया कि कोई कठिनाई बताए तो मैं मदद के लिए दौड़ पड़ता हूँ। तूने इसी दाँव से मुझे मारा। मुझे अब विश्वास हो गया कि दूसरे की मदद करना बड़ी बुरी आदत है। जिसे इसकी लत पड़ जाती है, उसकी ज़ेब कटती है। तुझे तो याद होगा ही कि तूने डिब्बे के उस कोने में खड़े होकर मुझे बुलाया था। मैंने देखा, तेरी आँखें लाल थीं। तू पागल-जैसा लग रहा था या गाँजा पिए लग रहा था। तूने कहा था, "इदर आओ, इदर आओ, बर्थ नहीं मिलता, सीट नहीं मिलता—हम परदेसी आदमी हैं।" तेरा यह दाँव चला नहीं। तू मुझे अलग ले जाकर लूटना चाहता था। पर पगले, उसमें छीना-झपटी होती। हो सकता था, तू गिरफ़्तार हो जाता। मैंने यह ख़तरा देख लिया था। इसीलिए मैं सीट से उठा नहीं और कहा, "कंडक्टर से बात करो।" तब तू मेरे पास आ गया और अपने हाथ मेरे कंधों पर रख दिए। तूने मेरी आँखों में भरपूर देखा। मैंने तेरी आँखों में देखा। मुझे लगा ही नहीं कि तू ज़ेबकट है। अगर मैं समझ जाता कि तू ज़ेबकट है तो तुझे गले लगा लेता। मैं समझा तू या तो पागल है या नशे में है। लिहाज़ा मैं आत्मरक्षा के लिए तैयार हो गया। तय किया कि तूने गड़बड़ की तो मैं तुझे मारूँगा—एक घूँसा नाक पर, एक जबड़े पर, और लात पेट पर। तू बड़ा ऊँचा कलाकार है। तूने मेरा ध्यान ज़ेब से किस चतुराई से हटा दिया। वाह!

इसी क्षण तेरा साथी मेरे बाएँ तरफ़ से आया। उसने मेरे कान के पास मुँह लगाकर कहा, "ये ईरानी है। अपनी भाषा नहीं समझता।"

और उसने मेरी ज़ेब से वह लिफ़ाफ़ा निकाल लिया जिसमें नोट रखे थे। प्यारे, मैं न घड़ी बाँधता, न बटुआ रखता; कार्य अनंत हैं! बार-बार घड़ी क्या देखना। मैं लेखक हूँ। जिस प्रकाशन-प्रतिष्ठान के रुपये होते हैं, उसी के लिफ़ाफ़े में मैं रख लेता हूँ। कभी भी इस प्रतिष्ठान का पैसा उस प्रतिष्ठान के लिफ़ाफ़े में नहीं रखता। आदमी को लिफ़ाफ़े के बारे में बहुत सावधान होना चाहिए।

लिफ़ाफ़ा दुरुस्त है तो सब ठीक है। फिर पूँजीवाद के अन्तर्विरोध को मैं जानता हूँ। एक प्रकाशक का पैसा दूसरे के लिफ़ाफ़े में रख दूँ तो हो सकता है, लिफ़ाफ़ा रुपयों को लील जाए।

दोस्त, यह सब घटना मैंने इटारसी के बाद जोड़ी। इटारसी तक मुझे पता नहीं था कि मेरा पैसा निकल गया। इटारसी में मैंने टटोला तो पाया, लिफ़ाफ़ा गायब है। तब मुझे समझ आया कि तू ज़ेबकट था। दो स्टेशन मैंने दुःख मनाया। फिर सोचा, पैसे भी खोए और दुःख भी भोगूँ। मैं कैसा बेवकूफ़ हूँ। मैं चैन से सो गया।

तू यह सब पढ़कर शायद दुखी होगा। नहीं, दुखी होने की ज़रूरत नहीं, भाई। मैं भी ज़ेब काटने में उस्ताद हूँ। हाँ, तरीक़ा दूसरा है। तूने मेरी ज़ेब काटी तो मैंने महावीर स्वामी की ज़ेब काट ली। महावीर जयन्ती पर भाषण देकर मैंने कुछ ज़्यादा ही रुपये कमा लिए। तू अपने मन से ग्लानि को निकाल दे। तूने मेरा उपकार ही किया है। मेरी ज़ेब कट गई है, यह जानकर मेरे दोस्तों ने मेरे लिए रुपये का इंतजाम कर दिया। तू 175 रुपये ले गया था न। मैंने 500 रुपये कमा लिए। 200 रुपये तो महावीर स्वामी की ज़ेब काटने से मिले। 300 रुपये दो दोस्तों ने मिलकर दे दिए। अब तू हिसाब कर। तेरे हाथ कुल 175 रुपये लगे। मेरे 175 रुपये गए, पर, 500 रुपये मिले। यानी इस पूरे मामले में मैं 325 रुपये के फ़ायदे में रहा। अब बता—तू बड़ा ज़ेबकट है या मैं हूँ!

दोस्त, क्या-क्या योजनाएँ बनाई थीं। मित्रों ने कहा, "अख़बार में विज्ञप्ति दे देते हैं कि परसाईजी की ज़ेब कट गई है, इसलिए उनका हर मित्र उन्हें एक रुपया दे।" मैंने इसे नामंजूर कर दिया। कहा, "यारो, मुझे ज़िन्दा रहने दो। अगर रुपये नहीं आए तो लगेगा मैं इस भ्रम पर ज़िन्दा था कि मेरे दोस्त हैं। भरम टूटने से आदमी मर जाता है।"

तब मित्रों ने कहा, "अच्छा, तो फिर तुम्हारी फोटो छापकर उसके नीचे लिख दें—इस आदमी की ज़ेब कट गई है। यह जिस किसी को मिले, इसे एक रुपया दे दे।"

यह योजना भी मुझे पसंद नहीं आई। तब मित्रों ने कहा, "अच्छा, गुमशुदा की तलाश शीर्षक के नीचे छपवाते हैं—प्रिय परसाई, तुम सिर्फ़ पौने दो सौ रुपयों के कारण कहाँ छिप गए। लोग तो करोड़ों रुपयों की कालिख से पुता चेहरा नहीं छिपाते। तुम जहाँ कहीं भी हो, चले आओ। पौने दो सौ रुपयों का प्रबन्ध तुम्हारे दोस्त कर देंगे।"

मेरे प्यारे ज़ेबकट दोस्त, ज़ेब काटने के मामले में मैं तेरा चाचा होता हूँ। इस ज़ेबकटी का उपयोग करता तो हज़ारों कमा सकता था।

भोपाल में मेरे अज़ीज दोस्त रहते हैं। वहीं ज़ेब कटने से उनका भी इम्तहान लगे हाथ हो गया।

प्यारे, आगे जब तू मेरी ज़ेब काटे तो बताकर काटना। हम मिलकर वह योजना बनाएँगे कि दोनों मालदार हो जाएँ।

आशा है, तू मेरी दम पर अभी तो सुखी होगा ही।

शुभकामनाओं सहित तेरा प्रिय मित्र—

# एक काना : एक ऐंचकताना

मुहावरे उलटे पड़ने लगे।

मुहावरे के मुताबिक झूठ का परदा उठाओ तो सत्य नंगा बैठा दिखता है। सत्य को झूठ से ज़्यादा शर्म आती है।

न्याय का दरवाज़ा भी अभी खटखटाया और इस मुहावरे को भी उलटा पाया। कुछ असहाय लोगों पर झूठा फौजदारी मुक़दमा चला दिया गया था। हमने उनकी तरफ़ से न्याय का दरवाज़ा खटखटाया। ख़याल था न्याय दरवाज़े के पास ही ड्यूटी पर बैठा रहता होगा। खटखटाया कि बाहर आया। बड़ी देर तक खटखटाने के बाद भी जब दरवाज़ा नहीं खुला तब चिन्ता हुई। क्या बात है? कहीं न्याय 'सिक लीव' पर तो नहीं चला गया? बूढ़ा हो गया है और अकसर बीमार हो जाता है।

आख़िर हम खिड़की फाँदकर भीतर घुस गए। सुनसान था। बाथरूम का दरवाज़ा ठेला, तो एक नंगा नहाते दिखा। हमने कहा, "तुम न्याय हो न! जल्दी कपड़े पहनो। बात करनी है।"

उसने कहा, "मैं न्याय नहीं, अन्याय हूँ। नंगा ही रहता हूँ। अन्याय को क्या शर्म! न्याय और मैं जुड़वाँ भाई हैं। एक सी शक्ल है। लोग उसके धोखे में मुझसे मिल लेते हैं।"

हमने पूछा, "दोनों में कुछ फ़र्क़ तो होगा?"

उसने कहा, "हाँ, है। देखो न, मैं ऐंचकताना हूँ। तुम समझते हो किसी और को देख रहा हूँ पर देख तुम्हीं को रहा हूँ। मेरा भाई न्याय काना है। एक ही तरफ़ देखता है। अब वह बहरा भी हो गया है।"

हमने कहा, "तो फिर खटखटाने पर दरवाज़ा कौन खोलता है?"

उसने कहा, "मैं खोलता हूँ। यही तो मज़ा है। लोग मुझे न्याय समझ लेते है।"

हमने पूछा, "तुम दोनों भाई किसके बेटे हो?"

उसने कहा, "'एविडेंस एक्ट' हमारा बाप है और 'पेनल कोड' भाई है।"

हमने कहा, "हमें तो न्याय से मिलना है। वह कहाँ है?"

उसने कहा, "अभी पिछले दरवाज़े से कोतवाली गया है। आता ही होगा।"

आप कहेंगे—अच्छा, खलील जिब्रान वाली प्रतीक कथा लिखी जा रही है! मगर हम तो न्याय की ड्योढ़ी की सत्यकथा लिख रहे हैं। ऐ न्याय का दरवाज़ा खटखटाने वालो, तुम आगे का दरवाज़ा खटखटाते हो और वह पिछले दरवाज़े से कोतवाल से हिदायतें लेने चला जाता है। न्याय बहरा है। खटखटाहट सुन ही नहीं सकता। वह जो एक ऐंचकताना दरवाज़ा खोलता है, अन्याय है। महज दरवाज़ा खटखटाने से जो मिलता है, वह अकसर अन्याय होता है। दरवाज़ा तोड़े बिना न्याय नहीं मिलता!

आप कहेंगे—अच्छा, अब क्या नक्सलपन्थी बनने की कोशिश कर रहे हो? नहीं! यों यह खिताब बिना कोशिश के चिपक जाता है। खटमल काटता है तो भी लगता है, यह नक्सलपंथी की बदमाशी है। बच्चा रोता है, तो बाप उसकी माँ से कहता है—वह भूखा नहीं है। नक्सलवादी हो गया है और आतंक पैदा कर रहा है!

तो आप हम पर झूठी तोहमत न लगाएँ और हमें तो दरवाज़ा तोड़ने पर भी कानी कौड़ी या काना न्याय नहीं मिला था। वही ऐंचकताना सेवा में प्रस्तुत था। सच तो यह है कि न्याय पिछवाड़े के दरवाज़े पर धरना देने पर मिलता है।

यों पोल तो सच की भी जब-तब खुल जाती है। भगवान को साक्षी करके अदालतों में जितना झूठ बोला जाता है, उतना भगवान की पीठ पीछे नहीं। आदमी जितना ढीठ हो गया है, सत्यनारायण उतना ही उदार। धर्म अच्छे को डरपोक और बुरे को निडर बनाने लगा है। झूठ ज़रा से पवित्र सहारे से चढ़कर सत्य की बर्थ पर लेट जाता है।

यह जो आदमी गवाह के कठघरे में खड़ा है, भगवान को साक्षी बना चुका है—प्रभु आओ, मैं आपके सामने झूठ बोलने को उत्सुक हूँ। वह पढ़ा-लिखा, सभ्य, सुन्दर आदमी है। जब ऐसा आदमी झूठी गवाही देने के लिए मिल जाता है, तब कोतवाली के बजरंग के सामने नारियल फोड़ा जाता है।

गवाह पूरी कोशिश से सच्चा दिखाने की कोशिश कर रहा है। अगर ठीक ढंग से झूठ बोल गया तो वह सच मान जाएगा। ठीक ढंग से बोले गए झूठ को सत्य कहते हैं। वह आत्मविश्वास बटोर कर चारों तरफ़ देखता है। आत्मविश्वासपूर्ण झूठ सत्य माना जाता है। आत्मविश्वासहीन सत्य भी झूठ हो जाता है। सत्य दिखाने के लिए झूठ को 'मेकअप' भी चाहिए। उसने चेहरे पर स्लो-पाउडर मल रखा है। वह बढ़िया सूट पहने है। आख़िर सत्य क्या है? बढ़िया कपड़े पहने हुए झूठ।

उसका मुँह देखता हूँ। होंठ ज़्यादा फटे हैं। दाँत बाहर निकलने को हमेशा तत्पर रहते हैं। झूठे और बक्की आदमी का मुँह ऐसा हो जाता है। झूठे दो तरह के होते हैं—चुप्पा और भड़भड़िया। चुप्पा परिपक्व झूठा होता है। वह एक-दो वाक्यों में झूठ जमा देता है। भड़भड़िया सोचता है, अभी झूठ जमा नहीं। इसलिए वह उसके समर्थन में आठ-दस वाक्य भड़भड़ाकर बोल जाता है। इस धक्के से जबड़े फैलते जाते हैं। इसके जबड़े इसी तरह फैल गए हैं। इसका मुँह पके फोड़े की तरह है, जिसमें झूठ का मवाद भरा है। ज़रा छेड़ने से मवाद बह निकलेगा।

वह खाँस कर गला साफ़ करता है। रूमाल मुँह पर फेरता है। लगता है, गवाही देने नहीं आया, न्याय की बेटी को ब्याहने दूल्हा बन कर आया है।

सरकारी वकील सधे-सधाए सवाल पूछता है और वह सधे-सधाए जवाब देता है। उसने अमुक आदमी को मृतक को लाठी मारते देखा था।

उसे लाठी दिखाई गई, जिसे उसने किसी पुराने दोस्त की तरह पहचान लिया।

उसे पत्थर का टुकड़ा दिखाया गया। उसने पत्थर भी पहचान लिया—यही वह पत्थर है, जो वहाँ पड़ा था।

मैंने बग़ल में खड़े वकील दोस्त से कहा, "यार, यह क्या अंधेर है! यह किसी पत्थर के टुकड़े को कैसे पहचान लेगा?"

उसने कहा, "चुप रहो, एविडेंस एक्ट के मुताबिक ठीक है।"

गवाह को ख़ून लगी मिट्टी दिखाई गई। उसने मिट्टी को भी पहचान लिया।

मैंने वकील दोस्त से कहा, "यह तो और बड़ा अचरज है। इसने मिट्टी को भी पहचान लिया।"

उसने कहा, "चुप्प, एविडेंस एक्ट!"

मैंने सोचा, 'अब वकील इसे शीशी में बन्द एक मक्खी दिखाएगा। पूछेगा—इस मक्खी को पहचानते हो? गवाह कहेगा—यह वही मक्खी है जो मारपीट के वक़्त भनभना रही थी।'

"एविडेंस एक्ट! इसका कमाल है।"

हरिश्चन्द्र ने जिस ब्राह्मण को सपने में दान दिया था, उसे अगर जायदाद पर क़ब्ज़े के लिए अदालत जाना पड़ता, तो वह भी दो-चार चश्मदीद गवाह खड़े कर देता। वे कहते—हमारे सामने इस विप्र को राजा हरिश्चन्द्र ने दान दिया था।

वकील पूछता—उस वक़्त तुम कहाँ थे?

वे कहते—हम भी राजा साहब के सपने में ही थे।

बचाव पक्ष का वकील 'क्रॉस एक्जामिनेशन' के लिए खड़ा हुआ। यह भयंकर चीज़ है। एक बार मेरे भी पलस्तर उखड़ चुके हैं। मैं सच बोल रहा था, पर वकील ने दो मिनट में मेरे सत्य को पसीना ला दिया था।

गवाह तैयार होता है। मुँह पोंछता है। फेफड़ों में ऑक्सीजन भरता है। वकील पूछता है, "वारदात की जगह से तुम कितनी दूर थे?"

वह मुँह खोलता ही है कि वकील कहता है, "जल्दी नहीं। सोच कर बोलो।"

'सोच कर बोलो।' यह सुझाव गवाह को गड़बड़ा देता है। उसे लगता है, जितना सरल मामला वह समझता है, उतना है नहीं। सवाल कठिन है। सोचना चाहिए।

वह सरकारी वकील को अभी अपनी दूरी दस क़दम बता चुका है। अब सोच कर बोलता है, "दस-पन्द्रह क़दम दूर था।"

वकील, "अच्छा, दस-पन्द्रह क़दम पर थे!"

गवाह, "हाँ, यही पन्द्रह-बीस क़दम।"

वकील, "तो पन्द्रह-बीस क़दम दूर खड़े थे!"

गवाह, "हाँ, बीस-पच्चीस क़दम समझ लीजिए।"

तीन सवालों में वह पन्द्रह क़दम पीछे हट गया। अगर वकील सवाल करता जाता, तो वह वारदात की जगह से पाँच मील दूर भी हो जाता। पर वह ख़ुश है कि उसने वकील को 'कन्फ्यूज' कर दिया।

"तुम मौक़े पर कितने बजे पहुँचे? जल्दी नहीं। सोचकर बोलो।"

"डेढ़-दो बजे।"

"अच्छा, डेढ़-दो बजे पहुँचे!"

"हाँ, यही दो-ढाई बजे।"

"अच्छा, दो-ढाई बजे तुम वहाँ पहुँचे!"

"हाँ, यही ढाई-तीन बजे समझ लीजिए।"

"मृतक की उम्र कितनी थी?"

"पच्चीस-तीस साल।"

"अच्छा, वह पच्चीस-तीस साल का था!"

"हाँ, तीस-पैंतीस साल का रहा होगा।"

"यानी उसकी उम्र तीस-पैंतीस साल थी!"

"हाँ, यही पैंतीस–चालीस साल की होगी।"

कई दिन लगातार मैं साक्ष्य का यह खेल देखता रहा। मैं हैरान कि बाहर तो सच्चा आदमी ढूँढ़े नहीं मिलता, मगर अदालत में इतने सच्चे किन अनजान कोनों से निकलकर इकट्ठे हो जाते हैं। झूठ बोलने के लिए सबसे सुरक्षित जगह अदालत है। वहाँ सुरक्षा के लिए भगवान और न्यायाधीश हाज़िर होते हैं।

मेरा वकील दोस्त कहता है, "यह सब क़ानून के मुताबिक है। अगर न्यायाधीश साक्ष्य पर विश्वास करता है, तो फाँसी। अगर नहीं करता, तो रिहाई।"

साक्ष्य एक ही है, मगर उसी से आदमी को फाँसी हो सकती है और उसी से छूट भी सकता है। उसी साक्ष्य के आधार पर एक न्यायाधीश आदमी को फाँसी के लायक समझता है और दूसरा उसे निर्दोष।

वकील दोस्त से कहता है, "आदमी के इस न्याय को मशीन ज़्यादा दिन बर्दाश्त नहीं करेगी। किसी दिन यहाँ न्यायालय की जगह बड़ा कम्प्यूटर होगा। उसमें तुम, वकील, गवाह, न्यायाधीश सब डाल दिए जाओगे। कम्प्यूटर चलेगा और तुम में से किसी के चमड़े पर फैसला अंकित होकर आ जाएगा।"

ये तीन–चार लोग जो झूठे फँसाए गए हैं, सड़क के किनारे टाट और टट्टे की झोपड़ी बनाकर रहते हैं। इन्होंने फाँसी पर टँगने के लिए पैसे भी ख़र्च किए हैं, वकील बनाए हैं, पैसा खिलाया है।

सिर्फ़ यह नहीं है कि ईसा अपना सलीब ख़ुद ढो रहा है या सूली पर टँगा है। ईसा को अपने पाँवों पर अपने हाथों से कील ठोंकने को मजबूर किया जा रहा है। वह कह रहा है, "पिता, इन्हें हरगिज़ माफ़ मत करना, क्योंकि ये जानते हैं कि ये क्या कर रहे हैं।"

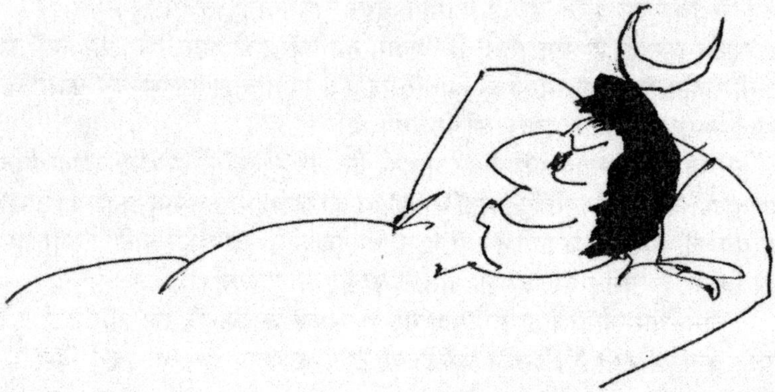

# चाँद पर नहीं जा सका

आर्मस्ट्रांग पहला आदमी नहीं है, जो चाँद पर गया। जिस प्रेमी ने पहली बार प्रेमिका के मुख को चाँद कहा था, वह चाँद को घूम-फिरकर देख आया था। उसकी प्रेमिका के चेहरे पर चेचक के गड्ढे थे। वह पास से चाँद को देख आया था, इसीलिए बोला—'तुम्हारा चेहरा चाँद की तरह है।' प्रेमिका ने यहीं से चाँद को देखा था। वह ख़ुश हो गई। अगर वह भी पास से देख लेती तो?

इधर कवि परेशान है कि चाँद की पोल खुल गई। जिससे सुन्दरी के मुख की उपमा देते थे, उस पर ज्वालामुखी है। तो इससे क्या हुआ? क्या हर सुन्दरी ज्वालामुखी नहीं होती?

अकवि को कोई शिकायत नहीं है। वह चाँद को अन्तरिक्ष के शरीर पर मवाद-भरा फोड़ा कह ही रहा है।

देवनागरी लिपि से अंग्रेज़ी का उच्चारण करनेवाले शास्त्रीजी कह रहे थे—"कोई ख़ास चमत्कार तो हुआ नहीं। हमारे यहाँ इससे बड़ा काम त्रेता में हो चुका है। अरे, यह तो चन्द्र है, हनुमानजी ने तो सूर्य को ही लील लिया था।"

मैंने पूछा, "सूर्य को ही क्यों?"

शास्त्रीजी ने कहा, "उन्हें गर्म नाश्ता पसन्द था। ही लायक्ड इट हॉट!"

मैंने कहा, "फिर उगल क्यों दिया?"

कहने लगे, "फूँककर नहीं खाया था। हॉट पोटैटो!"

चाँद पर जाने का इरादा मेरा भी था। फिर अलाली आ गई। अमर होने इतनी दूर नहीं जाएँगे। तीन लाख किलोमीटर की दूरी और आठ दिनों का सफ़र! कोई चतुर आदमी इतनी दूर अमर होने नहीं जाएगा। आप उधर जाइए और इधर केजुअल लीव मंजूर न हो तो? आप उधर गए हैं और इधर विश्वविद्यालय में कोई दूसरा रीडर हो जाए! आप चन्द्रमा में हैं और इधर आपकी प्रेमिका को कोई दूसरा पटा ले! वह उससे कहे—'पगली, दूसरे मोहल्ले का तो भरोसा है नहीं। दूसरे नक्षत्र का क्या भरोसा? और फिर वहाँ चाँद में एक-से-एक बढ़कर होंगी। किसी को लेकर आएगा वह।' स्त्री 'प्रैक्टिकल' होती है। फिडेल कास्त्रो उधर क्रान्ति में लगा था, इधर बीवी ने तलाक दे दिया—'क्रान्ति बिना सब ठीक है, मियाँ! कोई दूसरा कर लेगा। तुम तो सीधे-से बच्चों को पालो। पप्पू का शर्ट फट गया है।'

चाँद में जाओ चाहे क्रान्ति में—दुनियादारी नहीं छोड़ती। पहला स्पूतनिक छूटने के पहले एक इतालवी कहानी पढ़ी थी—'चाँद से वापसी।' एक आदमी चन्द्रयान बना लेता है और चाँद पर पहुँच जाता है। वहाँ साक्षात् स्वर्ग है। वह परम आनन्द में लीन है। सुध-बुध खो देता है। एकाएक उसे याद आता है, परसों तो इन्कम-टैक्स की पेशी है। वह फ़ौरन यान चालू करता है और घर लौट आता है। लोग पूछते हैं—"कैसा है चाँद?"

कहता है—"बिल्कुल स्वर्ग!"

लोग कहते हैं—"फिर तुम इतनी जल्दी क्यों लौट आए?"

जवाब देता है—"कल इन्कम-टैक्स की पेशी है न!"

यह कम्बख़्त इन्कम-टैक्स स्वर्ग से भी आदमी को खींच लाता है। स्वर्ग में इन्कम-टैक्स लगता हो और नर्क में नहीं, तो कम-से-कम मैं तो नर्क में रहना पसन्द करूँगा, आप अपनी जानें। स्वर्ग वहीं है, जहाँ इन्कम-टैक्स का झगड़ा न हो। प्राचीन काल के लोग इतना तत्त्वचिन्तन कर लेते थे। अगर तब इन्कम-टैक्स महकमा होता तो वे तत्त्वचिन्तन छोड़कर हिसाब बनाने में ही त्रिकालदर्शी बुद्धि का उपयोग करते। वेदव्यासजी, क्या महाभारत लिख रहे हैं? नहीं वत्स, गणेशजी से इन्कम-टैक्स रिटर्न बनवा रहा हूँ।

मैं अमर होने इतनी दूर और ऐसी जगह नहीं जाता। मेरे घर से कुल सौ गज़ की दूरी पर अमर होने की सम्भावना पैदा हो गई है। बग़ल में ओमती नाला बहता है, जो बरसातों में गोमती बनने का हौसला रखता है। हर बरसात में एक-दो बार हम किनारे बसनेवालों के दरवाज़ों पर आकर घर से निकाल देने की धमकी देता है। मगर हम बेशर्म हैं।

इस नाले पर एक पुल बन गया है, कुल सौ गज़ दूर। पुल लोगों के सुभीते के लिए बनवाया गया है, मगर दुष्ट लोग कहते हैं—'देख लेना, इधर के खाली प्लाट में किसी 'बड़े' का मकान बनेगा। ऐसा न होता तो पुल क्यों बनता?' इस देश के आदमी की मानसिकता ऐसी कर दी गई है कि अगर उसका भला भी करो, तो उसे शक होता है कि किसी और का भला किया गया है।

मैं लालच से इस पुल को देखता रहता हूँ। आख़िर इस पुल का कोई नाम तो रखा ही जाएगा। इसी नाले पर एक लोहे का पुल है। लोहे का होने के कारण उसका नाम लोहिया पुल हो गया है। डॉ. लोहिया अगर कुछ भी न करते तो भी यह पुल उन्हें अमर कर देता। शहर में बेईमानों के नाम से सड़कें हैं। कार्पोरेशन ने एक बार जब सड़कों के नाम रखे तब कुछ अच्छी सड़कें छोड़ दीं। मैंने पूछा तो किसी ने बताया कि ये सड़कें कुछ ख़ास सदस्यों ने अपने लिए छोड़ रखी हैं। ये नाम के लिए उनके मरने की राह देखेंगी। यह भी अजब बात है—नाम जीवित है, तो सड़क विधवा है। मर जाएँगे तब सधवा हो जाएगी। एक म्यूनिसिपल अध्यक्ष ने अपने नाम का स्तम्भ सड़क पर ही बनवा लिया था। रिक्शे, साइकिलें टकराते तो उन्हें गाली पड़ती—कम्बख़्त, बीच सड़क पर अड़ा हुआ है। गाली खाकर अमर होना भी एक तरीक़ा है।

मैं इस पुल के सहारे अमर होना चाहता हूँ। कोई नाम इसका अभी तक नहीं रखा गया। 'परसाई पुल' कैसा रहेगा? उच्चारण में अच्छा। अनुप्रास भी है। मगर हो कैसे? लोगों को पुल पर से निकलते देखता हूँ और हाय करता हूँ कि कहीं ये जान पाते कि यह मेरे नाम का पुल है।

कैसे अपना नाम इस पर चिपकवा लूँ? चाहता हूँ यहाँ कोई दुर्घटना हो जाए। उसकी ख़बर अख़बारों में जाएगी ही। मैं पत्रकार मित्रों से कहूँगा—यारो, ज़िन्दगी में एक अहसान माँगता हूँ। बस, यह छाप दो कि दुर्घटना परसाई-पुल पर हुई। सारा शहर इस पुल की तलाश करेगा। अपना नाम चिपक जाएगा। यों मैं मानवतावादी हूँ। सबका भला चाहता हूँ। पर मामूली चोटवाली दुर्घटना माँगता हूँ, तो कोई ज़्यादा नहीं माँगता।

कुछ नहीं हो रहा है। उस दिन बाढ़ में कई पुल डूब गए थे। यह बदमाश नहीं डूबा। डूब जाता तो अख़बारों में छपवा देता—तिलवारा घाट, गौर, हिरन आदि के पुल तो डूबे ही, परसाई-पुल भी डूब गया। कुछ दिन और इन्तज़ार

करता हूँ। कुछ नहीं हुआ तो मैं ही कोई छोटी-मोटी दुर्घटना का इन्तज़ाम करूँगा। बिना ख़तरा उठाये अमर होना अपने भाग्य में शायद नहीं है।

यों पुल अमर कर देगा, यह भी निश्चित नहीं है। न जाने कब टूट जाए और मेरा नाम ले डूबे। इस देश में पुल बनाने की एक नई तकनीक चल पड़ी है, जिसमें सीमेंट की जगह ईमान का इस्तेमाल किया जाता है—और ईमान अच्छी क्वालिटी का अभी बनता नहीं है। इसीलिए निर्माण के बिल के साल-भर बाद गिराने के बिल का भुगतान भी हो जाता है।

इसी पुल की आशा के कारण मैं चाँद पर नहीं गया। डर था, मैं उधर जाता और इधर कोई दुश्मन इसे अपने नाम करा लेता। यों चाँद मुझे पसन्द नहीं है। चमचे अच्छे नहीं लगते। फिर चाँद तो उप-चमचा है। सूर्य का चमचा—नहीं चमची—पृथ्वी, जैसे सूर्य मुख्यमंत्री हो और पृथ्वी कोई धरणी देवी विधायिका। और धरणी देवी विधायिका के चक्कर लगानेवाला यह मंडलेश्वर चाँद!

फिर उधार की रोशनीवाले भी मुझे अच्छे नहीं लगते। चाँद उधारी की रोशनी से चमकता है। बहुत-सी हस्तियाँ मात्र 'रिफ्लेक्टर' होती हैं। इधर एक कुलपति थे तो कुछ ग्रह चमकते थे। दूसरे कुलपति आ गए, तो दूसरे ग्रह चमकने लगे। पोल बड़ों-बड़ों की रोशनी की खुल रही है। किसी दिन शायद विज्ञान बताए कि यह सूर्य भी उधारी की रोशनीवाला है। यों राजनीति में लोग कहते ही हैं कि सब दूसरे की रोशनी से चमक रहे हैं।

इधर इस पुल पर नाम करा लूँ, तो ज़रा फुरसत पाकर अगली ट्रिप में चाँद पर जाऊँगा। मुझे उस झूठ को नष्ट करना है, जो आर्मस्ट्रांग वहाँ छोड़ आए हैं। आदमी दूसरे ग्रह पर जाएगा, तो भी झूठ साथ ले जाएगा। ये लोग वहाँ मानवता, मानव-एकता, मानव-कल्याण वग़ैरह के सन्देश छोड़ आए हैं। ये चीज़ें अपनी दुनिया का सच्चा प्रतिनिधित्व नहीं करतीं। मैं अपने साथ एक एटम बम और एक जहरीली गैस की शीशी ज़रूर ले जाऊँगा। मैं हिरोशिमा के उन कुछ लोगों के चित्र भी ले जाऊँगा, जो विकलांग तथा कोढ़ी हो गए हैं। साथ ही विश्व-न्यायालय के सामने दिया गया एक 'एफिडेविट' ले जाऊँगा, जिसमें लिखा होगा—'मैं हल्फिया कहता हूँ कि मैं मनुष्य जाति का हूँ। मेरा भरोसा नहीं किया जा सकता।' पृथ्वी की तरफ़ से ये चीज़ें मैं चाँद पर छोड़ आऊँगा।

देख रहा हूँ, दुनिया के सयाने नेता भी चाँद के मामले में प्रेमियों की तरह भावुक हो उठते हैं। प्रेमी प्रेमिका से कहता है—'मैं तुझे तारों का हार पहनाऊँगा।' ये नेता भी भावुकता से कहते फिर रहे हैं—'मनुष्य की महान् विजय! मनुष्य चाँद पर पहुँच गया। अब मानवता का कल्याण होगा। सम्पूर्ण मानव जाति एक है। शान्ति और समृद्धि!'

यह सब युवा प्रेमी का प्रलाप है। पूछता हूँ—"चन्द्र-विजय से अरब-इज़राइल युद्ध कैसे शान्त होगा? मानव की चन्द्र-विजय के बाद ही फ्रान्स की फ्रेंक का आठवीं बार अवमूल्यन क्यों करना पड़ा? और नीग्रो?"

किशोर किशोरी को तारों का हार पहनाने का सदियों से वादा कर रहा है। दुनिया के नेता उसकी भावुक झूठ की नक़ल आख़िर क्यों कर रहे हैं? दुनिया क्या तुम्हारी प्रेमिका है, जो उसे तारों का हार पहना रहे हो?

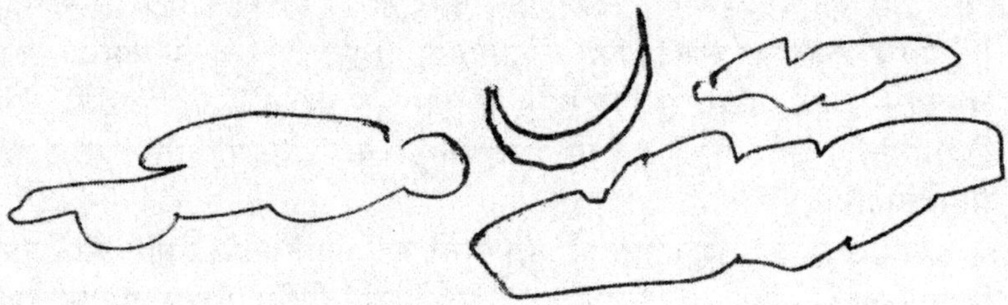

# साहित्य और नम्बर दो का कारोबार

मैं भी सांस्कृतिक क्रान्ति के दौर से गुज़र लिया। छीन-झपट की संस्कृति को आख़िर स्वीकार लिया। पहले अपना कमाया पैसा भी अपना नहीं लगता था। अब सिर्फ़ दूसरों का खाया पैसा ही अपना कमाया लगता है। सारे मूल्यों में क्रान्ति हो गई। पहले समारोहों में फूलमाला पहनते ख़ुशी होती थी। अब वह गर्दन में लटका फालतू बोझ मालूम होती है। सांस्कृतिक क्रान्ति ने फूलों की सुगन्ध छीन ली है और मैं माला पहनते हुए हिसाब लगाता रहता हूँ कि अगर हर फूल की जगह नोट होता तो इस वक़्त कितने रुपये मेरे गले में लिपटे होते। मैं माला से उस लिफ़ाफ़े की रक़म का अन्दाज़ लगाता रहता हूँ, जो बाद में दिया जाएगा। मुझे गुलाब की माला पहनाओ, चाहे गेंदे की, चाहे भटकटैया की—सब एक है। फूल की पंखुड़ी सिक्के का एहसास देती है। बीच में मूल्यों का विघटन हो गया था;

अब वे सिक्के से जुड़ गए हैं। अपना मूल्यहीनता का युग समाप्त। जिनका चल रहा है, वे इस पुरानी बीमारी का इलाज कराएँ। साहित्य में अच्छे-अच्छे अनुभवी हकीम मौजूद हैं।

मेरा इलाज साहित्य के बाहर के हकीम ने किया है। एक व्यवसायी मित्र ने किया है। उसकी नई हवेली बनी देखकर मैंने कहा, ''बड़ी कमाई हो रही है।''

उसने कहा, ''सब नम्बर दो का पैसा है।''

मैं नम्बर दो नहीं समझा। उसकी आदत कूटाक्षरों में बोलने की है। बढ़िया भारतीय नामों को वह अंग्रेज़ी के अक्षरों से बिगाड़ देता है। शैलेन्द्र कुमार को एस.के. कहता है और भुवनमोहिनी को मिस बी. एम.। उसका वश चले तो भगवान श्रीकृष्ण को एस.के. यादव कहे और भगवान रामचन्द्र को आर.सी. रघुवंशी। कहाँ जा रहे हो बन्धु? ज़रा एस.के. यादव के मन्दिर जा रहा हूँ।

मैंने उससे पूछा, ''यह नम्बर दो का कारोबार क्या होता है?''

उसने मुझे धिक्कारा, ''तुम क्या इस देश में नहीं रहते? या सभ्य समाज को छोड़कर आदिवासियों में रहने लगे हो? अरे, नम्बर दो तो राष्ट्रगीत की तरह लोकप्रिय है। मगर तुम नहीं जानते। तुम्हारे इस अज्ञान को मातृभूमि कभी माफ़ नहीं करेगी।''

उसने मुझे नम्बर दो का कारोबार समझाया। पाठक भी अगर मेरी तरह अज्ञानी हैं, तो किसी भी व्यवसायी से पूछ लो। मैं यहाँ नहीं बताऊँगा।

मेरे उस मित्र के यहाँ लक्ष्मी-पूजन समारोह होता था। मुझे भी कार्ड आता था। दो-तीन सालों से कार्ड नहीं आ रहा है। मैंने उससे पूछा तो उसने कहा, ''पहले नम्बर एक की लक्ष्मी की पूजा खुलेआम करता था। अब गुप्त रूप से नम्बर दो की लक्ष्मी की पूजा करता हूँ।''

एक दिन उसने मुझसे कहा, ''तुम कब तक नम्बर एक का काम करते रहोगे? तुम्हारे साहित्य में क्या नम्बर दो का काम नहीं होता?''

शाम को मैं घुटने टेक, हाथ जोड़, आँखें बन्द कर बैठा और प्रार्थना की—'हे नम्बर दो की लक्ष्मी, मुझे राह बता। तू सबको नम्बर दो की प्रेरणा देती है। मेरे चारों तरफ़ नम्बर दो हो रहा है। एक तरफ़ से गोली चलती है और दूसरी तरफ़ से नापाक बम आबादी पर फेंक दिया जाता है—युद्ध में नम्बर दो हो रहा है। आदमी एक पार्टी के टिकट पर विधायक बनता है और फिर जिस पार्टी की सरकार बननेवाली होती है, उसी में चला जाता है—राजनीति का नम्बर दो। भक्त मन्दिर-निर्माण के लिए चन्दा करता है और उसमें से अपना ग़ुसलख़ाना भी बनवा लेता है—धर्म का नम्बर दो। लड़का प्रेम करके लड़की से 'आदर्श विवाह' कर लेता है और अपने बाप को उसके बाप के पास दहेज माँगने भेज देता है—प्रेम का नम्बर दो।

प्रार्थना फलवती हुई। मेरी मेधा तीव्र हुई और मुझे याद आया—एक कवि कवि-सम्मेलनों में बिना रजाई पहुँच जाते थे। वहाँ संयोजकों से कहते, 'रास्ते में बिस्तर चोरी चला गया।' वे कहते, 'हम अपने घर की रजाई उढ़ा देंगे।' तो कवि कहते, 'नहीं, मैं किसी की ओढ़ी हुई रजाई नहीं ओढ़ता।' ठंड से कवि की प्राण-रक्षा के लिए वे लोग नई रजाई लाते और कवि एक रात उसे ओढ़कर घर ले आते। एक सीजन में पूरे परिवार के लिए वे रजाइयाँ ले आते। आगे चलकर उन्होंने कविता छोड़कर रजाइयों की दुकान कर ली। नाम रखा—'कविता रजाई भंडार।'

उक्त कवि को मैंने गुरु माना और पहले ही मौक़े पर दो नम्बर का काम कर डाला। एक जगह साहित्य-सम्मेलन हो रहा था। स्वागत मंत्री ने मुझसे कहा था कि आप साहित्य-परिषद् में अवश्य भाषण दें। हम आपको किराया सौ रुपये दे देंगे। मायाराम की कार में एक तरफ़ का पेट्रोल भराकर हम पहुँच गए। निवास-भोजन का प्रबन्ध संयोजकों ने किया था। ख़ुफिया विभाग का एक आदमी पहचान का था। उससे चन्दे की स्थिति का पता लगाया। काफ़ी हुआ था। भोजन पर बैठे तो खाना अच्छा नहीं था। मायाराम ने कहा, "ये लोग अपने पर दो नम्बर करने का इरादा रखते हैं। इसके पहले कि वे हम पर करें, हमें उन पर नम्बर दो कर देना चाहिए।"

मैंने पूछा, "इस वक़्त क्या ढंग होगा दो नम्बर का?"

उन्होंने कहा, "ग़ुस्सा। ग़ुस्सा करने का क्षण उपस्थित है।" और वे थाली फेंककर खड़े हो गए। चिल्लाये, "हम लोगों को क्या जानवर समझ रखा है? यह कचरा खाएँगे हम? इतना चन्दा और ग्रांट मिले हैं और इन्तज़ाम यह है?"

हम चार मित्र बिना खाये कमरे में आ गए। हम टेढ़े के रूप में बदनाम हैं ही। वहाँ भाग-दौड़ मच गई। मंत्रीजी आए और कमरे पर ही हमें दोनों बार अलग से बना हुआ अच्छा खाना स्टेनलेस की थालियों में भेजा जाने लगा।

समस्या खाने की उतनी नहीं थी। मुख्य समस्या सौ रुपयों की थी। अफवाह उड़ रही थी कि वे लोग नम्बर दो करनेवाले हैं। मायाराम ने कहा, "खाने के लिए दो नम्बर मैंने किया। अब रुपयों के लिए तुम करो।" मैंने मन में प्रार्थना की—"प्रभु, तुम्हें याद होगा, मैंने प्राथमिक शाला में आपकी प्रार्थना की थी।" मैंने तब कहा था—"हम सब बालक हैं नादान। मैं अभी भी वैसा ही हूँ, प्रभु! मैं एक उदीयमान दो नम्बरी हूँ। तू मेरी प्रतिभा को जाग्रत कर। इस वक़्त साहित्य-रचना से ज़्यादा नम्बर दो के लिए प्रतिभा की ज़रूरत है।"

प्रतिभा सचमुच जागी। भाषण के लिए जब मेरा नाम पुकारा, तो मैंने माइक हाथ में लेकर कहा, "मेरी तबियत रात से ख़राब है। मैं बोलना नहीं चाहता था।

मगर मजबूरन इसलिए बोल रहा हूँ कि अगर बोलूँगा नहीं तो ये लोग मुझे 150 रुपये वादे के मुताबिक नहीं देंगे।''

लोग हँसे। फिर गम्भीर हुए। संयोजक परेशान हुए। राजनीति में जिसे सीधे जनता के पास जाना कहते हैं, वही मैंने कर दिया। सीधे जनता के पास जाना भी एक प्रकार का नम्बर दो हो सकता है।

नम्बर दो चला। मंत्री महोदय शाम को मेरे पैसे दे गए। सुना, वे कई दूसरे लोगों को पैसे बिना दिए, रात की गाड़ी से बाहर चले गए।

सफलता से मैं प्रोत्साहित हुआ। अगर इसी तरह चलता रहा, तो एक दिन सड़क पर मुझे देखकर लोग कहेंगे—'वह दो नम्बरी जा रहा है।'

मेरा एक नैतिक़तावादी मित्र कहता है, ''पैसे के मामले में आदमी को साफ़ होना चाहिए।''

मैं कहता हूँ, ''यह सम्भव नहीं है। सागर-मन्थन क्या अकेले देवों ने किया था। एक तरफ़ से दानव भी तो खींच रहे थे। आख़िर दानवों के सहयोग से ही तो लक्ष्मी निकली थीं। तब धन के मामले में दानवी विचार मनुष्य के मन में क्यों नहीं आएँगे?''

मैं ऐसे कोरे नैतिकतावादियों के बहकावे में नहीं आ सकता। मैं बराबर नम्बर दो की तरकीबें खोजता रहता हूँ। एक समारोह में गया। रात को समारोह था और मैं होटल में मन को एकाग्र करके नम्बर दो करने की तरकीब सोच रहा था। मुझे क्या पता कि उसी वक़्त आयोजकों की मेधा भी इसी काम में लगी थी। तीसरे पहर आयोजन समिति के सदस्य आए। बड़े व्यस्त। उनके हाथ में चन्दे की रसीद-बही थी। थोड़ी देर बाद बोले, ''क्षमा कीजिए। मुझे चन्दा वसूलने जाना है। इस साल ठीक चन्दा ही नहीं मिला।''

वे चले गए। दूसरे आए। उनके हाथ में भी रसीद-बही। बोले, 'देखने आया था कि कोई तकलीफ तो आपको नहीं है। अब चलता हूँ। कुछ चन्दा वसूल करना है। लोगों को बुला तो लिया है, पर पैसा कम इकट्ठा हुआ है।' वे भी चले गए। तीसरे आए। उनके हाथ में भी रसीद-बही। बोले, 'लोग चन्दा देने में बड़ी आनाकानी करते हैं। कई दिनों से दौड़ रहे हैं, पर पर्याप्त चन्दा ही नहीं कर पाए। चलूँ, कुछ जगह और 'टिराई' कर लूँ।'

मामला क्या है? ये मुझे रसीद-बही बनाकर चन्दा लेने क्यों जा रहे हैं। इन्होंने मेरे ऊपर नम्बर दो चालू कर दिया। ये पूरे पैसे नहीं देंगे। क्या करूँ? ठंड होती तो कहता—'एक पुलोवर ख़रीद दो।' मन ने कहा—'क्या अच्छा हो अगर स्टेज पर मुझे मिरगी आ जाए।' मगर मिरगी भी तो बड़े लेखकों को आती है। मुझ छोटे को वह भी नहीं आई। मैंने अपना फ़र्ज़ अदा किया।

सुबह मंत्रीजी आए। बड़ी देर यहाँ-वहाँ की बातें करते रहे। मैंने कहा, ''मैं दोपहर की गाड़ी से जाऊँगा।''

वे कहने लगे, ''क्या बताएँ, हम तो बड़े शर्मिन्दा हैं।''

मैं समझ गया। मैंने कहा, ''जो कुछ भी हो, मुझे दो। मैं घर जाऊँ।''

उन्होंने कुछ रुपये दिए। बोले, ''बाक़ी हम आठ-दस दिनों में भेज देंगे। हमें बड़ी ग्लानि हो रही है। लोगों ने वादा करके भी नहीं दिए।''

वे बड़े पशोपेश में बैठे थे। मैंने कहा, ''ठीक है। आप जाइए।''

वे बोले, ''हम बहुत लज्जित हैं, आपके सामने।''

मैंने कहा, ''देखिए, अभी तो आपका इरादा रुपये भेजने का है। फिर आप क्यों लज्जित हैं? अगर आप अभी लज्जित हैं, तो आपने अभी ही तय कर लिया है कि रुपये नहीं भेजेंगे।''

वे बोले, ''नहीं, हम पक्का भेजेंगे।''

मैंन कहा, ''तो फिर लज्जित होने का कारण ही नहीं है। आगे अगर न भेज पाएँ तो एक दिन लज्जित हो लीजिए। आप अभी लज्जित हो रहे हों, तो बात ख़त्म हो जाती है। बोलिए।''

उन्होंने कहा, ''नहीं, अभी हम लज्जित नहीं हैं।''

मैंने कहा, ''तो फिर आप जाइए। आराम कीजिए। स्वास्थ्य बड़ी चीज़ है। मैं गाड़ी में बैठ जाऊँगा।''

उन्होंने कहा, ''नहीं, हम आपको पहुँचाने आएँगे।''

मैंने कहा, ''नहीं, आपको देखकर मुझे कष्ट होगा।''

पूछने लगे, ''आपको क्यों कष्ट होगा?''

मैंने कहा, ''आपको देखकर फिर याद आ जाएगी कि आपने मेरे पैसे दबा लिए।''

वे दु:खी मन से चले गए। मेरे ऊपर उनका नम्बर दो चल गया। उनका उसी वक़्त लज्जित हो लेना उचित था। रुपये उन्होंने मुझे नहीं भेजे।

इस नम्बर दो की चोट से मैं विफल हो गया। तभी मुझे नम्बर दो का एक सफल मौक़ा मिला और मन अब प्रसन्न है। एक शहर में मेरे साहित्य-प्रेमी मित्र आबकारी अफ़सर थे। आबकारी अफ़सर साहित्य-प्रेमी हो, तो साहित्य का भी विकास होता है और आबकारी का भी। उन्होंने शराब के ठेकेदारों को साहित्यिक समारोह करने के लिए प्रेरित किया। मुझे तार से रुपये मिले। मित्र का पत्र मिला कि आ जाओ, और दिलाएँगे। पर समारोह के वक़्त बीमार पड़ गया और वे रुपये इलाज में ख़र्च हो गए। कुछ दिनों बाद मित्र का तबादला हो गया। लगभग छ: महीने बाद मुझे ठेकेदार सचिव का पत्र मिला कि मैं वे रुपये लौटा दूँ।

मैंने जवाब में अत्र कुशलं तत्रास्तु के बाद लिखा—'आपके पत्र के उत्तर में इतना ही कहना है कि मेरे मित्र जल्दी ही तबादले पर वहीं आ रहे हैं।'

तर्क लाजवाब था। मेरा नम्बर दो चल गया।

दीवाली पर मैं हिसाब लगाता हूँ कि मुझ पर कितने का नम्बर दो हुआ और मैंने कितने का नम्बर दो किया। इस साल दूसरों ने मेरे ऊपर 480 रुपये का नम्बर दो किया और मैंने दूसरों पर 650 रुपये का। रोकड़ बाक़ी 170 रुपये अंकन एक सौ सत्तर रुपये श्रीलक्ष्मी जी सदा सहाय!

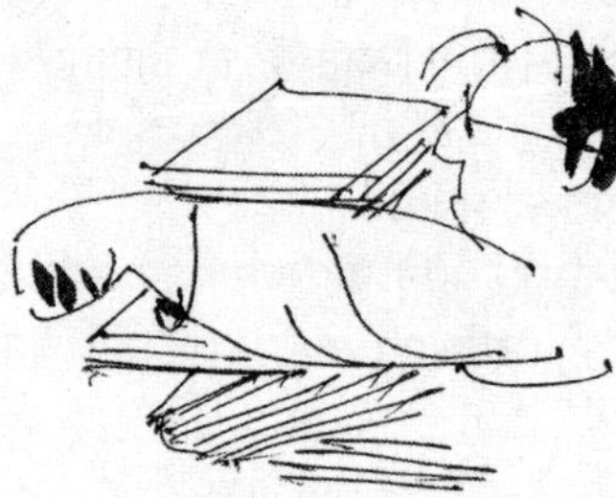

# ग्रांट अभी तक नहीं आई

वे एक बड़े टेबिल के आसपास बैठे हैं। उनमें आदमी सिर्फ़ एक है, बाक़ी पन्द्रह-बीस मात्र चेहरे हैं। जो आदमी है वह प्रदेश का एक मंत्री है। ये पन्द्रह-बीस चेहरे भी घंटा-भर पहले आदमी थे, जब ये अपने विभागों में पढ़ा रहे थे, रिसर्च गाइड कर रहे थे। अचानक ये बदल गए। विश्वविद्यालयों में मंत्री के घुसते ही पहले तो ये आदमी से हाथ हो गए और अभिवादन में कुहनी तक जुड़ गए।

—ग्रांट अभी तक नहीं आई।

फिर ये एकदम चेहरे हो गए, आँखें हो गए, कान हो गए। पन्द्रह-बीस सपाट चेहरे। यह दर्शनशास्त्र का चेहरा है, यह इतिहास का, यह रसायनशास्त्र का। मगर सब एक-से। घंटा-भर पहले चेहरों पर अलग-अलग भाव थे, अपने निजी भाव। अब ये चेहरे मात्र 'रिफ्लेक्टर' हैं। पहले आँखों में ज्ञान की चमक थी, अब ठकुरसुहाती की टिमटिमाहट है।

—ग्रांट अभी तक नहीं आई।

चेहरे एक-दूसरे से सटकर मगर एक-दूसरे से असम्बद्ध बैठे हैं। घंटा-भर पहले ये आपस में मित्र या शत्रु थे, मगर अब उदासीन हैं। इतिहास के आचार्य और हिन्दी के आचार्य एक-दूसरे की सूरत से नफ़रत करते थे। अब सटे हुए निर्विकार भाव से बैठे हैं। इन्होंने अपने आपसी सम्बन्ध एकदम तोड़ दिए हैं और अलग-अलग अपने सम्बन्ध मंत्री से जोड़ लिए हैं।

—ग्रांट अभी तक नहीं आई।

मंत्री अपने ही मज़ाक़ पर हँसता है तो ये चेहरे भी हँस पड़ते हैं। मंत्री देश की ग़रीबी का ज़िक्र कर उदास होता है, तो चेहरे भी उदासी में डूब जाते हैं। देखते रहते हैं, मंत्री कब उदासी से उबरता है। उसके उबरते ही चेहरे भी उबरकर मुसकराने लगते हैं। दर्शनशास्त्र, इतिहास, संस्कृति के चेहरे 'रिफ्लेक्ट' कर रहे हैं।

—ग्रांट अभी तक नहीं आई।

मैं काफ़ी देर से उस अहाते में था। एक छोटे-से काम से गया था। वहाँ हलचल मची थी। कला परिषद् के उद्घाटन के लिए उन्होंने जेल मंत्री को बुला लिया था जैसे हार्ट स्पेशलिस्ट से बवासीर का इलाज कराया जाए। मगर जेलमंत्री सरकार में बहुत प्रभाव रखता है।

—ग्रांट अभी तक नहीं आई।

काम मेरा छोटा था। फिर भी सोचा कि कोई परिचित मिल जाए तो जल्दी हो जाए। सामने एक डीन मुझे आते दिखे थे। पिछले हफ्ते डॉ. त्रिपाठी के घर काव्य-गोष्ठी में वे थे। उन्होंने घंटे-भर मेरी कविताएँ सुनी थीं और बहुत तारीफ़ की थी। मैंने नमस्कार करके कहा, "आपको याद होगा, डॉ. त्रिपाठी के घर पर गोष्ठी में आपसे मुलाकात हुई थी।"

उन्होंने बिना पहचाने कहा, "अच्छा, आप भी उस गोष्ठी में थे।" वे आगे बढ़ गए। उस गोष्ठी में मैं ही मैं था। पर ये भूल गए। उस वक़्त काव्य की ड्यूटी पर होंगे। काव्य की ड्यूटी ख़त्म होने पर वहाँ की बात वहीं भूल गए। फिर वे मंत्री के स्वागत में व्यस्त थे।

—ग्रांट अभी तक नहीं आई।

मंत्री ने कमरे में घुसते-घुसते मुझे देख लिया था। पहचान लिया था। मैं प्रतिक्रिया का इन्तज़ार कर रहा था। उसने समूचे प्रजातांत्रिक सन्दर्भ में गम्भीरता से विचार किया होगा कि मुझे पहचान लिया है, तो अब क्या करें। मेरे प्रति क्या रुख हो? जनतांत्रिक मूल्यों की रक्षा क्या मुझे भीतर बुलाकर बात कर लेने से होगी? नहीं पहचानने का बहाना करने से क्या चल सकता है? उसने तय करके रजिस्ट्रार को बाहर भेजा। उसने मुझसे कहा, "विपिनजी, आपको मंत्रीजी बुला रहे हैं।"

मैं कमरे में घुसता हूँ। मंत्री टेबिल के उस छोर पर बैठा है। दरवाज़ा इस छोर पर है। मेरे–उसके बीच पन्द्रह–बीस चेहरे हैं। चेहरे मेरी तरफ़ देखते हैं। दूसरे ही क्षण वे मंत्री की तरफ़ देखते हैं। चेहरे अन्दाज़ लगा रहे हैं कि मेरे मंत्री से सम्बन्ध किस डिग्री के हैं। उसी हिसाब से वे ताल–मेल बिठा लेंगे। अभी चेहरे ख़ाली हैं। वे नहीं जानते उन्हें मेरी तरफ़ कितना ध्यान देना है। तभी चेहरे देखते हैं, मंत्री हाथ जोड़कर खड़ा हो जाता है। मेरा पुराना यार है। कवि और समाज–सेवी के रूप में मेरी ख्याति जानता है। क़द्र करता है। चेहरों की दुविधा चली जाती है। वे खड़े होकर कहते हैं, ''आइए, विपिनजी!''

चेहरे मंत्री के चेहरे से जुड़े थे, आँखें मंत्री की आँखों से जुड़ी थीं, कान मंत्री के मुख से जुड़े थे। कोई उलझन नहीं थी। अब वे उलझन में हैं। अब मैं आ गया हूँ। वे तय नहीं कर पा रहे हैं कि हम दोनों से वे अपने को कैसे जोड़ें। मुझे कितना फीसदी ध्यान दें। इस छोर पर मेरे पास कुर्सी खाली पड़ी है। वे देख रहे हैं कि क्या मैं इसी पर बैठ जाता हूँ या मंत्री के मन में कुछ और है। मैं बैठने लगता हूँ। मंत्री कहता है, ''वहाँ नहीं, इधर, मेरे पास।'' चेहरे और ज़्यादा मुस्कराने लगते हैं।

मैं थोड़ी बात करता हूँ। चेहरे मेरी बात पर ध्यान देने लगे हैं। मगर उन्हें लगता है, मेरे और मंत्री के सम्बन्ध शायद औपचारिक हैं। ऐसा है तो मामूली ध्यान देने से भी चल जाएगा। मैं ताड़ जाता हूँ। मैं मंत्री के कान में कहता हूँ, ''बच्चे तो अच्छे हैं।'' यह मैं ज़ोर से भी पूछ सकता था। पर मैं चेहरों को बताना चाहता था कि मेरे मंत्री से कानाफूसी के सम्बन्ध हैं।

वह कहता है, ''अच्छे हैं। आपकी कृपा है।'' चेहरों पर प्रभाव पड़ता है। वे सोचते हैं—इसकी तो मंत्री से 'कान्फीडेंस' में बातें होती हैं। वे मेरी बात पर भी अब हें-हें करने लगे हैं।

मैं फिर मंत्री के पास मुँह लगाकर कहता हूँ, ''भोजन तो दोनों बार करते होंगे?''

वह ठहाका लगाकर हँसता है। कहता है, ''आप भी क्या मज़ाक़ करते हैं।''

कुहनियाँ अब टेबिल पर टिक गई हैं और चेहरे हथेली पर रख गए हैं। वे सब मुझे मान्यता दे चुके हैं। उनके हिसाब से मैं 'सप्लीमेण्टरी' में पास हो गया। मुझे देखकर मंत्री उठ खड़ा होता है, मैं उसके कान में बात कर लेता हूँ, उससे मज़ाक़ कर लेता हूँ, उत्तम पुरुष के यही लक्षण हैं—उनके शास्त्रों में लिखा है।

अब वे अपना फ़र्ज़ समझते हैं कि मुझसे अपने को जोड़ लें। इसमें पहल वही डीन करते हैं। मुझसे तीसरे नम्बर पर हथेली पर रखा वह चेहरा कहता है, ''विपिनजी, आपको याद होगा, डॉ. त्रिपाठी के यहाँ गोष्ठी में हमारी मुलाकात हुई थी?''

अब मेरी बारी है। मैं उन्हीं की तरह कहता हूँ, ''अच्छा, आप भी उस गोष्ठी में थे।''

एक क्षण को चेहरा मुरझाता है, फिर मुसकराने लगता है। कहता है, ''बड़ी अच्छी कविताएँ सुनाई थीं आपने।''

बाक़ी चेहरों को जुड़ने का ज़रिया मिल गया। कविता के द्वारा वे मुझसे जुड़ने लगे। चेहरे एक के बाद एक कहते हैं, "बड़ी बढ़िया कविता लिखते हैं आप। सच्ची साधना करते हैं। श्रोताओं को मंत्रमुग्ध कर देते हैं।" वे मंत्री की तरह अपने मतों के समर्थन के लिए देखते हैं। अगर मंत्री समर्थन न करे तो इस प्रशंसा को आगे बढ़ाना ठीक नहीं होगा।

—ग्रांट अभी तक नहीं आई है।

मंत्री समर्थन करता है, "विपिनजी जैसे कवि किसी भी भाषा के लिए गौरव हैं।"

चेहरे मेरी तरफ़ झुक गए हैं। वे मेरी बात ग़ौर से सुनने लगे हैं। अनुपात तय हो गया है। तीन बातें मंत्री से करेंगे, तो एक मुझसे। मंत्री की बात पर जितना हँसेंगे, उससे ज़रा ही कम मेरी बात पर। मैंने इस अनुपात को स्वीकार कर लिया और सन्तुष्ट हो गया हूँ।

दर्शनशास्त्र का चेहरा मंत्री से कहता है, "आपका भाषण बहुत अच्छा रहा।"

वह मेरी तरफ़ देखता है। मैं कुछ नहीं बोलता।

इतिहास का चेहरा कहता है, "बड़ा प्रेरणाप्रद भाषण था।"

वह मेरी तरफ़ देखता है। मैं कुछ नहीं बोलता।

रसायनशास्त्र का चेहरा कहता है, "इट वाज रीयली वण्डरफुल।"

वह मेरी तरफ़ देखता है। मैं कुछ नहीं बोलता।

वे घबरा गए हैं। चेहरे परेशान हैं। चेहरों पर प्रश्न हैं, 'तू क्यों नहीं बोलता? तू तारीफ़ नहीं करेगा, तो हम आगे कैसे बढ़ेंगे? हमें इस संकट से उबारता क्यों नहीं?' मैं देखता हूँ, मंत्री भी परेशान है। मेरा परदुख-कातर मन पिघल उठता है। मैं कहता हूँ, "अरे साहब, ऐसे प्रभावशाली वक्ता मैंने कम देखे हैं।"

चेहरों को एकदम राहत मिल गई। मंत्री का तनाव भी ढीला पड़ गया। बारी-बारी से संस्कृत, प्राणिशास्त्र, राजनीतिशास्त्र के चेहरों के मुँह खुलते हैं और वे लगभग एक-से शब्दों में मंत्री के भाषण की तारीफ़ करते हैं।

—ग्रांट अभी तक नहीं आई है।

मुझे शामिल करना फिर ज़रूरी हो गया है। एक चेहरा मंत्री से पूछता है, "विपिनजी से आपकी कब से जान-पहचान है?"

मंत्री कहता है, "सन् बयालीस से। हम लोग कॉलेज छोड़कर स्वतंत्रता-संग्राम में कूद पड़े थे। जेल में साथ थे। विपिनजी से मैंने बहुत कुछ सीखा है।"

सीखा है? ग़ज़ब हो गया। अगर इनसे सीखा है, तो इनकी सिफारिश भी मानते होंगे। इनके कहने से काम भी कर देते होंगे!

—ग्रांट अभी तक नहीं आई है।

चाय आ गई है। प्रधान चेहरा चाय का कप मंत्री की तरफ़ बढ़ाता है। मंत्री कप लेकर मुझे दे देता है। प्रधान चेहरा काजू की तश्तरी उठाता है। उलझन में है—किसके

सामने पहले तश्तरी करे? मंत्री के या मेरे? मैं मदद करता हूँ। तश्तरी लेकर मंत्री के आगे कर देता हूँ। चेहरे प्रसन्न हैं कि हमने आपस में ही फैसला कर लिया।

अब हमें कला-प्रदर्शनी दिखाने ले जाया जा रहा है। आगे मंत्री है। अगल-बग़ल-पीछे चेहरे हैं। मंत्री कहता है, "आइए, विपिनजी!"

चेहरे भी कहते हैं, "आइए, विपिनजी!" वे प्रदर्शनी मंत्री को ही दिखाना चाहते हैं, मैं जानता हूँ। चित्र देखकर मंत्री प्रसन्न होगा।

—ग्रांट अभी तक नहीं आई है।

चित्र देखे जा रहे हैं। मंत्री चेहरों से घिरा है। चेहरे उसे चित्र और चित्रकार का नाम बताते हैं। वह उसके बारे में जो शब्द कहता है, चेहरे उसे प्रतिध्वनित कर देते हैं।

मंत्री, "रंग संयोजन अच्छा है।"

कोरस, "रंग संयोजन अच्छा है।"

मंत्री, "वेरी बोल्ड लाइंस।"

कोरस, "वेरी बोल्ड लाइंस।"

मंत्री, "ये शिव-पार्वती भी अच्छे हैं।"

कोरस, "शिव-पार्वती अच्छे हैं।"

मंत्री, "बड़ा सुन्दर दृश्य है।"

कोरस, "बड़ा सुन्दर दृश्य है।"

—ग्रांट अभी तक नहीं आई है।

मंत्री का ख़याल है, मैं उसके साथ ही चल रहा हूँ। मगर मैं जान-बूझकर काफ़ी पीछे हूँ। मेरे-उसके बीच में चार-पाँच चेहरे हैं। मंत्री चित्रों की प्रशंसा में मेरा समर्थन चाहता है। मगर चेहरों को मतलब नहीं है कि मैं कहाँ हूँ। मेरे कन्धे से कन्धा रगड़ते चेहरे चल रहे हैं, पर वे मुझे पहचानते नहीं हैं।

मंत्री एक चित्र को देखकर ख़ुश होता है। कहता है, "बड़ा बढ़िया है। देखिए, विपिनजी!"

चेहरों को मेरी याद आती है। वे पीछे से मुझे ठेलकर आगे ले आते हैं, "आइए, विपिनजी।"

मैं मंत्री की बग़ल में आकर खड़ा हो जाता हूँ। चित्र देखता हूँ। कहता हूँ, "बहुत अच्छा है।"

मंत्री आगे बढ़ जाता है। मैं पीछे खिसक जाता हूँ। चेहरों के लिए मैं अपरिचित हो गया हूँ। किसी चित्र के सामने रुककर मंत्री फिर कहता है, "ज़रा इसे देखिए, विपिनजी।"

चेहरे फ़ौरन मुझे पहचान लेते हैं। मुझे ठेलकर फिर मंत्री की बग़ल में खड़ा कर देते हैं।

मुझे इस स्थिति का मज़ा आने लगा है। मैं अब ज़रा ज़्यादा पीछे खिसक जाता हूँ। चेहरों के लिए मैं अजनबी हो जाता हूँ। तभी मंत्री कहता है, ''देखिए, विपिनजी।'' हलचल मच जाती है। चेहरे मुझे ढूँढ़कर मंत्री के पास ले आते हैं।

कार्यक्रम समाप्त हो गया है। मंत्री कार में बैठनेवाला है। मुझसे कहता है, ''लखनऊ आएँ तो ज़रूर मिलिए, विपिनजी।''

मैं कहता हूँ, ''हाँ-हाँ, ज़रूर।''

प्रधान चेहरा उससे कहता है, ''आपके आने से हमें बड़ी प्रेरणा मिली। इसी तरह कृपा करते रहिए।'' बाक़ी चेहरे इन्हीं शब्दों को प्रतिध्वनित करते हैं।

—ग्रांट अभी तक नहीं आई है।

मंत्री चला गया। मुझे अनाथ कर गया। कार फाटक से बाहर हुई और चेहरों के लिए मैं एकदम अजनबी हो गया। बुझे हुए चेहरे इधर-उधर चल दिए। मैं बरामदे में ऐसे खड़ा हूँ, जैसे बियावान हो। कुछ मिनट पहले के विपिनजी मंत्री की कार स्टार्ट होते ही मर गए। ये दूसरे विपिनजी बरामदे में खड़े हैं। वह मेरा सारा तेज़ लेकर फरार हो गया। पर वह उसी का दिया हुआ तो था।

दूसरे दिन मैं फिर काम से वहीं जाता हूँ। वही डीन फिर दिख जाते हैं।

मैं कहता हूँ, ''आपका कल का समारोह अच्छा था।''

वे कहते हैं, ''अच्छा, आप भी वहाँ हाज़िर थे!''

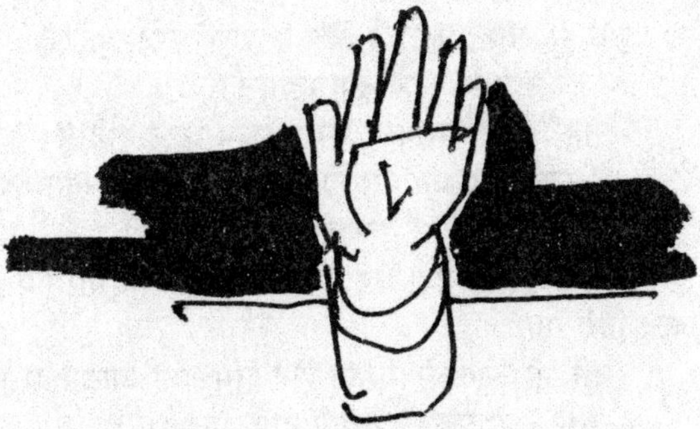

# तटस्थ

कुल छः साल जेल में रहे थे। तब नारा लगता—'गुलामी के घी से आज़ादी की घास अच्छी है। इस नारे पर बहुत लोग जेल जाते थे। वे भी चले गए थे। सन् '47 के बाद भी लोग जेल जाते रहे। वे नहीं गए। अब कुछ समझ में नहीं आता। देश में क्या हो रहा है, क्या होना चाहिए, क्या करना चाहिए—कुछ समझ में नहीं आता। अब आज़ादी की घास खाते हैं और किनारे बैठे हैं।

मोटे चश्मे में से वे मुझे देखते हैं। फिर दीवार को देखते हैं। दोनों देखने में कोई भेद नहीं है। खिड़की पर उड़कर बैठी चिड़िया को भी उसी तरह देखते हैं। देखते हैं, यह भी पक्का नहीं है। चेहरा घुमाकर आँखें किसी की तरफ़ कर देते हैं, इसी से लगता है कि देख रहे हैं वरना आँखों में देखने जैसा कुछ नहीं होता।

मेरे हाथ में अख़बार है। वे पूछते हैं, "कौन-सा पेपर है?"

मैं नाम बताता हूँ। वे कहते हैं, "अच्छा!"

कोई और नाम बताता तो भी वे कहते—"अच्छा!"

वे पूछते हैं, "कहाँ से निकलता है?"

मैं कहता हूँ, "बम्बई से।"

वे कहते हैं, "बम्बई से भी बहुत पेपर निकलने लगे।"

मैं कहता कि दिल्ली से निकलता है, तो भी वे कहते—"दिल्ली से भी बहुत पेपर निकलने लगे।"

उन्होंने अख़बार मेरे हाथ से ले लिया।

ज़ोर से ख़बरें पढ़ते हैं और टिप्पणी करते जाते हैं।

—जबलपुर में छात्रों की हड़ताल!

"लड़के भी आजकल बड़ी ऊधम करने लगे हैं।"

—विजयवाड़ा के पास दो रेलगाड़ियों की टक्कर। पन्द्रह आदमी मारे गए।

"जिसकी आ गयी वह तो जाएगा ही।"

—इंदौर में साम्प्रदायिक दंगा। आठ आदमी मारे गए। कई घायल। कई मकान जला दिए गए।

"दंगे भी आजकल बहुत होने लगे। लो आठ और मर गए।"

—बंगाल में नक्सलपंथियों द्वारा उपद्रव।

"ये नक्सलपंथी भी नए पैदा हो गए हैं।"

—पति ने पत्नी की नाक काटी।

"काट लो। तुम्हारी पत्नी है।"

—इस वर्ष देश अन्न में आत्मनिर्भर हो जाएगा—जगजीवनराम।

"हो जाय। अपने को दो रोटी तब भी मिलती थीं। दो आगे भी मिलेंगी।"

—लो छोड़ दिया चीन ने सेटेलाइट!

इस ख़बर पर वे कोई टिप्पणी नहीं करते।

—कलकत्ता में हड़ताली मज़दूरों पर गोली चली।

"मज़दूर भी ख़ूब हड़ताल करने लगे हैं और पुलिस भी ख़ूब गोली चलाती है।"

—तीसरा वेतन-आयोग बैठ गया।

"आयोग तो बैठते ही रहते हैं।"

—अमेरिका ने कम्बोडिया में फ़ौज भेजी।

"यह पट्ठा अमेरिका भी चाहे जहाँ फ़ौज भेजता रहता है।"

—अमेरिकी छात्रों द्वारा विरोध-प्रदर्शन।

"अच्छा, यह हवा उधर भी फैल गई।"

—देश के धन को कुछ हाथों में नहीं रहने दिया जाएगा—इन्दिरा गांधी।

"मत रहने दो। सब अपने ही हाथों में ले लो।"

—पटना में दो आदमियों का ख़ून।

"अच्छा फिर हत्या हो गई।"

वे पन्ने पलटते जाते हैं। ख़बर का शीर्षक पढ़ते हैं और टिप्पणी करते हैं। हम सुन रहे हैं। बीच-बीच में आँखें हमारी तरफ़ कर देते हैं और हम समझते हैं, वे हमें देख रहे हैं। देख नहीं रहे हैं, तो भी उन्हें हमारे वहाँ हाज़िर होने का एहसास तो है।

वे आख़िरी पृष्ठ पर आ गए हैं।

—हूँ, प्लाजा टाकीज में 'प्रेम पुजारी'।

"फ़िल्में भी आजकल बहुत बनने लगी हैं।"

—ओकासा मर्दों की ज़रूरतें पूरी करता है।

"कैसी-कैसी दवाइयाँ निकली हैं।"

अख़बार वे पढ़ चुके। एक लम्बी जम्हाई लेते हैं। फिर हमारी तरफ़ देखते हैं। हमें जम्हाई नहीं आती। वे कुछ नाख़ुश होते हैं। मैं बनावटी जम्हाई लेता हूँ। वे ख़ुश होते हैं।

पूछते हैं, "कब आए?"

"आज ही।"

"अच्छा।"

मैं कहता—पन्द्रह दिन पहले आया, तब भी वे कहते—अच्छा!

पूछते हैं, "कब वापिस जाओगे?"

"कल।"

"अच्छा।"

पूछते हैं, "उधर के क्या हाल हैं?"

"सब ठीक हैं।"

"अच्छा।"

मैं कहता कि उधर महामारी में सब मर गए, तब भी वे कहते—अच्छा!

पूछते हैं, "सेवकजी कैसे हैं?"

"अच्छे हैं।"

"अच्छा।"

मैं कहता, सेवकजी को लकवा लग गया, तब भी वे कहते—अच्छा!

पूछते हैं, "उधर भी मच्छर बहुत होंगे।"

मैं हैरत में हूँ कि अपने पुराने संग्राम-साथी सेवकजी से एकदम मच्छर पर ये कैसे आ गए!

कहता हूँ, "इस मौसम में सभी जगह मच्छर बहुत हैं।"

वे फिर दीवार को देखते हैं। उसी तरह हमें देखते हैं।

एकाएक उन्हें लगता है कि सक्रिय हो जाना चाहिए। वे झोले से तकली और पोनी निकाल लेते हैं और सूत कातने लगते हैं। कातते हैं और लपेटे में लपेटते हैं। कभी हमारी तरफ़ देख लेते हैं।

कातते-कातते बोलते जाते हैं, ''लोग मेरे से पूछते हैं कि तुम सिण्डिकेट में कि इण्डिकेट में। अरे बाबा, क्या सिण्डिकेट और क्या इण्डिकेट? सिण्डिकेट में होने से क्या इण्डिकेट का नहीं रह जाऊँगा? और इण्डिकेट में होने से क्या सिण्डिकेट का नहीं रहूँगा। बताओ?''

हम कहते हैं, ''जी हाँ।''

'जी हाँ' उन्हें ठीक जवाब लगता है। वे कातने लगते हैं।

कहते हैं, ''क्या कम्युनिस्ट, क्या सोशलिस्ट और क्या कैपिटलिस्ट? अरे बाबा, ये सब राजनीति के चोंचले हैं। मेरे पास आओ न। मैं राजनीति बताता हूँ।''

वे कातते और लपेटते हैं।

कहते हैं, ''लोग कहते हैं कि एटमबम बनाओ। बना लो। मैं क्या रोकता हूँ। पर एटम बनाने से भी क्या फ़ायदा और नहीं बनाने से भी क्या फ़ायदा।''

वे काफ़ी कात चुके हैं। लपेट रहे हैं।

बोलते हैं, ''लोग मेरे पास आते हैं। कहते हैं—क्रान्ति करेंगे। तो करो न क्रान्ति। मैं क्या रोकता हूँ। पर क्रान्ति कर लोगे, तो भी क्या होनेवाला है।''

एकाएक वे कातना बन्द कर देते हैं। कहते हैं, ''चालीस साल हमें सूत कातते हो गए! पर सूत कातने से भी क्या होता है।''

वे थके-से तकली और पोनी झोले में रख देते हैं और दीवार को देखने लगते हैं। फिर हमारी तरफ़ देखते हैं और हमें लगता है, हम दीवार हो गए हैं।

# बारात की वापसी

बारात में जाना कई कारण से टालता हूँ। मंगल कार्यों में हम जैसी चढ़ी उम्र के कुँवारों का जाना अपशकुन है। महेश बाबू का कहना है, हमें मंगल कार्यों से विधवाओं की तरह ही दूर रहना चाहिए। किसी का अमंगल अपने कारण क्यों हो! उन्हें पछतावा है कि तीन साल पहले जिनकी शादी में वह गए थे, उनकी तलाक की स्थिति पैदा हो गई है। उनकी यह शोध है कि महाभारत युद्ध न होता, अगर भीष्म की शादी हो गई होती। और अगर कृष्णमेनन की शादी हो गई होती, तो चीन हमला न करता।

सारे युद्ध प्रौढ़ कुँवारों के अहं की तुष्टि के लिए होते हैं। 1948 में तेलंगाना में किसानों का सशस्त्र विद्रोह देश के वरिष्ठ कुँवारे विनोवा भावे के अहं की तुष्टि के लिए हुआ था। उनका अहं भूदान के रूप में तुष्ट हुआ।

अपने पुत्र की सफल बारात से प्रसन्न मायाराम के मन में उस दिन नागपुर में बड़ा मौलिक विचार जागा था। कहने लगे, "बस, अब तुम लोगों की बारात में जाने की इच्छा है।"

हम लोगों ने कहा, "अब किशोरों जैसी बचकानी बारात तो होगी नहीं। अब तो बारात ऐसी होगी—किसी को भगाकर लाने के कारण हथकड़ी पहने हम होंगे और पीछे चलोगे तुम जमानत देनेवाले। ऐसी बारात होगी। चाहो तो बैंड भी बजवा सकते हो।"

विवाह का दृश्य बड़ा दारुण होता है। विदा के वक़्त औरतों के साथ मिलकर रोने को जी करता है। लड़की के बिछुड़ने के कारण नहीं, उसके बाप की हालत देखकर। लगता है, इस कौम की आधी ताक़त लड़कियों की शादी करने में जा रही है। पाव ताक़त छिपाने में जा रही है—शराब पीकर छिपाने में, प्रेम करके छिपाने में, घूस लेकर छिपाने में...बची हुई पाव ताक़त से देश का निर्माण हो रहा है—तो जितना हो रहा है, बहुत हो रहा है। आख़िर एक चौथाई ताक़त से कितना होगा।

यह बात मैंने उस दिन एक विश्वविद्यालय के छात्रसंघ के वार्षिकोत्सव में कही थी। कहा था, "तुम लोग क्रान्तिकारी तरुण-तरुणियाँ बनते हो। तुम इस देश की आधी ताक़त को बचा सकते हो। ऐसा करो, जितनी लड़कियाँ विश्वविद्यालय में हैं, उनसे विवाह कर डालो। अपने बाप को मत बताना। वह दहेज माँगने लगेगा। इसके बाद जितने लड़के बचें, वे एक-दूसरे की बहन से शादी कर लें। ऐसा बुनियादी क्रान्तिकारी काम कर डालो और फिर जिस सिगड़ी को ज़मीन पर रखकर तुम्हारी माँ रोटी बनाती है, उसे टेबिल पर रख दो, जिससे तुम्हारी पत्नी खड़ी होकर रोटी बना सके। बीस-बाइस सालों में सिगड़ी ऊपर नहीं रखी जा सकी और न झाड़ू में चार फुट का डंडा बाँधा जा सका। अब तक तुम लोगों ने क्या खाक क्रान्ति की है!"

छात्र थोड़े चौंके! कुछ ही-ही करते भी पाए गए। मगर कुछ नहीं।

एक तरुण के साथ सालों मेहनत करके उसके ख़यालात मैंने सँवारे थे। वह शादी के मण्डप में बैठा तो ससुर से बच्चे की तरह मचलकर बोला, "बाबूजी, हम तो वेस्पा लेंगे। वेस्पा के बिना कौर नहीं उठाएँगे।" लड़की के बाप का चेहरा फक! जी हुआ, जूता उतारकर पाँच इस लड़के को मारूँ और फिर पचीस ख़ुद अपने को। समस्या यों सुलझी कि लड़की के बाप ने साल-भर में वेस्पा देने का वादा किया, नेग के लिए बाज़ार से वेस्पा का खिलौना मँगाकर थाली में रखा, फिर सवा रुपया रखा और दामाद को भेंट किया। सवा रुपया तो मरते वक़्त गोदान के निमित्त दिया जाता है न! हाँ, मेरे उस तरुण दोस्त की प्रगतिशीलता का गोदान हो रहा था।

बारात की यात्रा से मैं बहुत घबराता हूँ, ख़ासकर लौटते वक़्त जब बाराती बेकार बोझ हो जाता है। अगर जी भरकर दहेज न मिले, तो वर का बाप बारातियों को दुश्मन समझता है। मैं सावधानी बरतता हूँ कि बारात की विदा के पहले ही कुछ बहाना करके किराया लेकर लौट पड़ता हूँ।

एक बारात से वापसी मुझे याद है।

हम पाँच मित्रों ने तय किया कि शाम चार बजे की बस से चलें। पन्ना से इसी कंपनी की बस सतना के लिए घंटे-भर बाद मिलती है, जो जबलपुर की ट्रेन मिला देती है। सुबह घर पहुँच जाएँगे। हम में से दो को सुबह काम पर हाज़िर होना था, इसलिए वापसी का यही रास्ता अपनाना ज़रूरी था। लोगों ने सलाह दी कि समझदार आदमी इस शामवाली बस से सफ़र नहीं करते। क्या रास्ते में डाकू मिलते हैं? नहीं, बस डाकिन है।

बस को देखा तो श्रद्धा उमड़ पड़ी। ख़ूब वयोवृद्ध थी। सदियों के अनुभव के निशान लिए हुए थी। लोग इसलिए इससे सफ़र नहीं करना चाहते कि वृद्धावस्था में इसे कष्ट होगा। यह बस पूजा के योग्य थी। उस पर सवार कैसे हुआ जा सकता है!

बस-कंपनी के एक हिस्सेदार भी उसी बस से जा रहे थे। हमने उनसे पूछा, "यह बस चलती भी है?"

वह बोले, "चलती क्यों नहीं है जी! अभी चलेगी।"

हमने कहा, "वही तो हम देखना चाहते हैं। अपने आप चलती है यह?"

"हाँ जी, और कैसे चलेगी?"

ग़ज़ब हो गया। ऐसी बस अपने आप चलती है।

हम आगा-पीछा करने लगे। डॉक्टर मित्र ने कहा, "डरो मत, चलो! बस अनुभवी है। नई-नवेली बसों से ज़्यादा विश्वसनीय है। हमें बेटों की तरह प्यार से गोद में लेकर चलेगी।"

हम बैठ गए। जो छोड़ने आए थे, वे इस तरह देख रहे थे, जैसे अंतिम विदा दे रहे हैं। उनकी आँखें कह रही थीं—'आना-जाना तो लगा ही रहता है। आया है, सो जाएगा—राजा, रंक, फ़कीर। आदमी को कूच करने के लिए एक निमित्त चाहिए।'

इंजन सचमुच स्टार्ट हो गया। ऐसा, जैसे सारी बस की इंजन है और हम इंजन के भीतर बैठे हैं। काँच बहुत कम बचे थे। जो बचे थे, उनसे हमें बचना था। हम फ़ौरन खिड़की से दूर सरक गए। इंजन चल रहा था। हमें लग रहा था कि हमारी सीट के नीचे इंजन है।

बस सचमुच चल पड़ी और हमें लगा कि यह गांधीजी के असहयोग और सविनय अवज्ञा आन्दोलनों के वक़्त अवश्य जवान रही होगी। उसे ट्रेनिंग मिल चुकी थी। हर हिस्सा दूसरे से असहयोग कर रहा था। पूरी बस सविनय अवज्ञा आन्दोलन के दौर से गुज़र रही थी। सीट का बॉडी से असहयोग चल रहा था। कभी लगता सीट बॉडी को छोड़कर आगे निकल गई है। कभी लगता कि सीट को छोड़कर बॉडी आगे भागी जा रही है। आठ-दस मील चलने पर सारे भेदभाव मिट गए। यह समझ में नहीं आता था कि सीट पर हम बैठे हैं या सीट हम पर बैठी है।

एकाएक बस रुक गई। मालूम हुआ कि पेट्रोल की टंकी में छेद हो गया है। ड्राइवर ने बाल्टी में पेट्रोल निकालकर उसे बग़ल में रखा और नली डालकर इंजन में

भेजने लगा। अब मैं उम्मीद कर रहा था कि थोड़ी देर बाद बस-कंपनी के हिस्सेदार इंजन को निकालकर गोद में रख लेंगे और उसे नली से पेट्रोल पिलाएँगे, जैसे माँ बच्चे के मुँह में दूध की शीशी लगाती है।

बस की रफ़्तार अब पन्द्रह-बीस मील हो गई थी। मुझे उसके किसी हिस्से पर भरोसा नहीं था। ब्रेक फेल हो सकता है, स्टीयरिंग टूट सकता है। प्रकृति के दृश्य बहुत लुभावने थे। दोनों तरफ़ हरे-हरे पेड़ थे, जिन पर पक्षी बैठे थे। मैं हर पेड़ को अपना दुश्मन समझ रहा था। जो भी पेड़ आता, डर लगता कि इससे बस टकराएगी। वह निकल जाता तो दूसरे पेड़ का इन्तज़ार करता। झील दिखती तो सोचता कि इसमें बस गोता लगा जाएगी।

एकाएक फिर बस रुकी। ड्राइवर ने तरह-तरह की तरक़ीबें कीं, पर वह चली नहीं। सविनय अवज्ञा आन्दोलन शुरू हो गया था, कंपनी के हिस्सेदार कह रहे थे, ''बस तो फर्स्ट क्लास है जी! यह तो इत्तफ़ाक़ की बात है।''

क्षीण चाँदनी में वृक्षों की छाया के नीचे वह बस बड़ी दयनीय लग रही थी। लगता, जैसे कोई वृद्धा थककर बैठ गई हो। हमें ग्लानि हो रही थी कि बेचारी पर लदकर हम चले आ रहे हैं। अगर इसका प्राणांत हो गया तो इस बियाबान में हमें इसकी अंत्येष्टि करनी पड़ेगी।

हिस्सेदार साहब ने इंजन खोला और कुछ सुधारा। बस आगे चली। उसकी चाल और कम हो गई थी।

धीरे-धीरे वृद्धा की आँखों की ज्योति जाने लगी। चाँदनी में रास्ता टटोलकर वह रेंग रही थी। आगे या पीछे से कोई गाड़ी आती दिखती तो वह एकदम किनारे खड़ी हो जाती और कहती—'निकल जाओ, बेटी! अपनी तो वह उम्र ही नहीं रही।'

एक पुलिया के ऊपर पहुँचे ही थे कि एक टायर फिस्स करके बैठ गया। बस बहुत ज़ोर से हिलकर थम गई। अगर स्पीड में होती, तो उछलकर नाले में गिर जाती। मैंने उस कंपनी के हिस्सेदार की तरफ़ पहली बार श्रद्धाभाव से देखा। वह टायरों की हालत जानते हैं, फिर भी जान हथेली पर लेकर इसी बस से सफ़र कर रहे हैं। उत्सर्ग की ऐसी भावना दुर्लभ है। सोचा, इस आदमी के साहस और बलिदान-भावना का सही उपयोग नहीं हो रहा है। इसे तो किसी क्रान्तिकारी आन्दोलन का नेता होना चाहिए। अगर बस नाले में गिर पड़ती और हम सब मर जाते तो देवता बाँहें पसारे उसका इंतज़ार करते। कहते—'वह महान् आदमी आ रहा है, जिसने एक टायर के लिए प्राण दे दिए। मर गया, पर टायर नहीं बदला।'

दूसरा घिसा टायर लगाकर बस फिर चली। अब हमने वक़्त पर पन्ना पहुँचने की उम्मीद छोड़ दी थी। पन्ना कभी भी पहुँचने की उम्मीद छोड़ दी थी। पन्ना क्या, कहीं भी, कभी भी पहुँचने की उम्मीद छोड़ दी थी। लगता था, ज़िंदगी इसी बस में गुज़ारनी है और इससे सीधे उस लोक की ओर प्रयाण कर जाना है। इस पृथ्वी पर

उसकी कोई मंज़िल नहीं है। हमारी बेताबी, तनाव ख़त्म हो गए। हम बड़े इत्मीनान से घर की तरह बैठ गए। चिन्ता जाती रही। हँसी-मज़ाक़ चालू हो गया।

ठंड बढ़ रही थी। खिड़कियाँ खुली थीं ही। डॉक्टर ने कहा—''ग़लती हो गई। कुछ पीने को ले आते तो ठीक रहता।''

ठंड बढ़ रही थी। एक गाँव पर बस रुकी तो डॉक्टर फ़ौरन उतरा। ड्राइवर से बोला—''जरा रोकना! नारियल ले आऊँ। आगे मढ़िया पर फोड़ना है।''

डॉक्टर झोपड़ियों के पीछे गया और देशी शराब की बोतल ले आया। छागलों में भरकर हम लोगों ने पीना शुरू किया।

इसके बाद किसी कष्ट का अनुभव नहीं हुआ। पन्ना से पहले ही सब मुसाफ़िर उतर चुके थे। बस कंपनी के हिस्सेदार शहर के बाहर ही अपने घर पर उतर गए। बस शहर में अपने ठिकाने पर रुकी। कम्पनी के दो मालिक रजाइयों में दुबके बैठे थे। रात का एक बजा था। हम पाँचों उतरे। मैं सड़क के किनारे खड़ा रहा। डॉक्टर भी मेरे पास खड़ा होकर बोतल से अंतिम घूँट लेने लगा। बाक़ी तीन मित्र बस-मालिकों पर झपटे। उनकी गर्म डाँट हम सुन रहे थे। पर वे निराश लौटे। बस-मालिकों ने कह दिया था, सतना की बस तो चार-पाँच घंटे पहले जा चुकी। अब लौटती होगी। अब तो बस सवेरे ही मिलेगी।

आसपास देखा, सारी दुकानें, होटल बन्द। ठंड कड़ाके की। भूख भी ख़ूब लग रही थी। तभी डॉक्टर बस-मालिकों के पास गया। पाँचेक मिनट में उनके साथ लौटा तो बदला हुआ था। बड़े अदब से मुझसे कहने लगा, ''सर, नाराज़ मत होइए। सरदारजी कुछ इन्तज़ाम करेंगे। सर, सर, उन्हें अफसोस है कि आपको तकलीफ़ हुई।''

अभी डॉक्टर बेतकल्लुफी से बातें कर रहा था और अब मुझे 'सर' कह रहा है। बात क्या है? कहीं ठर्रा ज़्यादा असर तो नहीं कर गया! मैंने कहा, ''यह तुमने क्या 'सर-सर' लगा रखी है?''

उसने फिर वैसे ही झुककर कहा, ''सर, नाराज़ मत होइए! सर, कुछ इन्तज़ाम हुआ जाता है।''

मुझे तब भी कुछ समझ में नहीं आया। डॉक्टर भी परेशान था कि मैं समझ क्यों नहीं रहा हूँ। वह मुझे अलग ले गया और समझाया, ''मैंने इन लोगों से कहा है कि तुम संसद-सदस्य हो। इधर जाँच करने आए हो। मैं एक क्लर्क हूँ, जिसे साहब ने एम.पी. को सतना पहुँचाने के लिए भेजा है। मैंने इनसे कहा कि सरदारजी, मुझ ग़रीब की तो गर्दन कटेगी ही, आपकी भी लेवा-देई हो जाएगी। वह स्पेशल बस से सतना भेजने का इन्तज़ाम कर देगा। ज़रा थोड़ा एम.पी. पन तो दिखाओ। उल्लू की तरह क्यों पेश आ रहे हो?''

मैं समझ गया कि मेरी काली शेरवानी काम आ गई। यह काली शेरवानी और ये बड़े बाल मुझे कोई रूप दे देते हैं। नेता भी दिखता हूँ, शायर भी और अगर बाल सूखे बिखरे हों तो जुम्मन शहनाईवाले का भी धोखा हो जाता है।

मैंने मिथ्याचार का आत्मबल बटोरा और लौटा तो ठीक संसद-सदस्य की तरह। आते ही सरदारजी से रोब से पूछा, ''सरदारजी, आर.टी.ओ. से कब तक इस बस को चलाने का सौदा हो गया है?''

सरदारजी घबरा उठे। डॉक्टर ख़ुश कि मैंने फर्स्ट क्लस रोल किया है।

रोबदार संसद-सदस्य का एक वाक्य काफ़ी है, यह सोचकर मैं दूर खड़े होकर सिगरेट पीने लगा। सरदारजी ने वहीं मेरे लिए कुर्सी डलवा दी। वह डरे हुए थे और डरा हुआ मैं भी था। मेरा डर यह था कि कहीं पूछताछ होने लगी कि मैं कौन संसद-सदस्य हूँ तो क्या कहूँगा। याद आया कि अपने मित्र महेशदत्त मिश्र का नाम धारण कर लूँगा। गांधीवादी होने के नाते, वह थोड़ा झूठ बोलकर मुझे बचा ही लेंगे।

अब मेरा आत्मविश्वास बहुत बढ़ गया। झूठ अगर जम जाए तो सत्य से ज़्यादा अभय देता है।

मैं वहीं बैठे-बैठे डॉक्टर से चीखकर बोला, ''बाबू, यहाँ क्या क़यामत तक बैठे रहना पड़ेगा? इधर कहीं फ़ोन हो तो ज़रा कलेक्टर को इत्तला कर दो। वह गाड़ी का इन्तज़ाम कर देंगे।''

डॉक्टर वहीं से बोला, ''सर, बस एक मिनट! जस्ट ए मिनट, सर!''

थोड़ी देर बाद सरदारजी ने एक नई बस निकलवाई। मुझे सादर बैठाया गया। साथियों को बैठाया। बस चल पड़ी।

मुझे एम.पी.पन काफ़ी भारी पड़ रहा था। मैं दोस्तों के बीच अजनबी की तरह अकड़ा बैठा था। डॉक्टर बार-बार 'सर' कहता रहा और बस का मालिक 'हुज़ूर'।

सतना में जब रेलवे के मुसाफ़िरख़ाने में पहुँचे तब डॉक्टर ने कहा, ''अब तीन घंटे लगातार तुम मुझे 'सर' कहो। मेरी बहुत तौहीन हो चुकी है।''

# एक सुपरमैन

मैं इस निर्णय पर पहुँच चुका हूँ कि उस आदमी से समूची मनुष्य जाति की तरफ़ से प्रार्थना करूँ कि वह यह वसीयत करे कि मेरी लाश जलाई न जाए बल्कि मेडिकल इंस्टीट्यूट को अध्ययन के लिए दे दी जाए।

पूरी बात पढ़ लेने के बाद आप भी इसी निर्णय पर पहुँचेंगे।

एक जगह चार-पाँच आदमी बैठे हैं। बात उसी आदमी की हो रही है। उसकी गिनती शहर के ख़ास लखपतियों में है।

पहला कहता है, ''शहर में किसी को यह गौरव हासिल नहीं है कि उसे उस आदमी ने चाय पिलाई हो। पर मैं उनकी चाय पी चुका हूँ।''

सब भौचक्के रह जाते हैं। कहते हैं, ''असम्भव! ऐसा हो ही नहीं सकता। उस आदमी ने किसी को धूल का एक कण भी नहीं खिलाया।''

पहला कहता है, "पर यह सच है। उसने प्रसन्नता से मुझे चाय पिलाई। हुआ यह कि मैं उसके भाई की मृत्यु पर शोक प्रकट करने पहुँचा। तुम लोग जानते ही हो, प्रॉपर्टी को लेकर इसका भाई से मुक़दमा चल रहा था। इस बीच भाई की मृत्यु हो गई और प्रापर्टी इसे मिल गई। मैंने सोचा, आख़िर भाई था। इसे दुःख तो हुआ ही होगा। मैं फाटक में घुसा तो उसने पूछा, 'कैसे आए?' मैंने उदास होकर कहा, 'आपके भाई की मृत्यु हो गई, ऐसा सुना है।' वह बोल पड़ा, 'अगर उसकी मौत पर दुःख प्रकट करने आए हो तो फाटक के बाहर हो जाओ। पर तुम्हें दुःख नहीं है, तो मैं चाय पिला सकता हूँ।' मैंने कहा, 'अगर आपको दुःख नहीं है, तो मुझे दुःख मनाने की क्या पड़ी है। चलो, चाय पिलाओ।' कुत्ते भी रोटी के लिए झगड़ते हैं, पर एक के मुँह में रोटी पहुँच जाए तो झगड़ा खत्म हो जाता है। आदमी में ऐसा नहीं होता। प्रेम से चाय पिलाई जाती है, तो नफ़रत के कारण भी। घृणा भी आदमी को उदार बना देती है।"

तभी दूसरा बोला, "यह गौरव सिर्फ़ तुम्हें ही नहीं मुझे भी मिल चुका है, पर इतना निश्चित है कि शहर में तीसरे को यह गौरव नहीं मिला है। मैं उसके पास एक काम से गया था। उसका लड़का मेरा विद्यार्थी था। बात करके उठने लगा, तो लड़के ने कहा, 'मास्साहब, चाय पीकर जाइए।' यह सुनते ही उसने गुर्राकर लड़के की तरफ़ देखा। बोला, 'चाय तो चार बजे हो गई न, अब कैसी चाय?' यह नियम का पाबन्द आदमी है। चार बजे चाय पीने का नियम है, तो आगे-पीछे चाय नहीं बन सकती। नियम के पाबन्द ऐसे होते हैं कि अगर उनका नियम है कि भोजन के बाद दो सौ गज़ चलेंगे, तो जहाँ दो सौ गज़ खत्म होते हैं, वहाँ पहले से खाट बुलवा लेंगे। अब, साहब, लड़का सकपकाकर बोला, 'मैंने माँ से कह दिया था। बन गई होगी।' उस आदमी ने आँखें बन्द करके सोचा कि उसका इस परिस्थिति में क्या कर्त्तव्य है। क्या वह ख़ुद पी ले? पत्नी को पिलवा दे? लड़के को लिवा दे? पर वे सब ज़रा देर पहले चाय पी चुके थे। चाय को हर हालत में बरबाद होना ही था। उसने निर्णय ले लिया। लड़के के मास्टर को ही पिलानी पड़ेगी। बड़े अनमने भाव से कहा, 'अच्छा मास्साहब, आप चाय पी ही जाइए।' मैंने बेशर्मी से चाय पी भी ली।"

तीसरा बोला, "मैं उसका किरायेदार हूँ। वह दिख जाता है, तो मैं भी कहता हूँ, 'भैया सा'ब, नमस्कार।' पर वह नमस्कार का जवाब नमस्कार से नहीं देता। कहता है, 'अभी तक किराया नहीं दिया। जल्दी दिया करो।' कभी भी उसने नमस्कार नहीं किया। मेरे नमस्कार का जवाब वह तपाक से तगादे से देकर बढ़ जाता। मैंने ठान ली थी कि एक बार तो इससे नमस्कार कहलाऊँगा ही। एक माह मैंने पहली तारीख़ को ही किराया भेज दिया। चार तारीख़ को वह

दिखा तो मैंने कहा, 'नमस्कार!' उसने कहा, 'अगले महीने भी जल्दी किराया भेज देना।' ''

चौथे ने कहा, ''भैया, मैं तो उसका क़रीबी रिश्तेदार हूँ। मैं जब नागपुर में था, तब यहाँ किसी काम से आया, स्टेशन से सीधा उसके घर पहुँच गया। थोड़ी देर बाद उसने पूछा, 'आप यहाँ ठहरे हैं, तो क्या भोजन भी यहीं करेंगे?' मैंने कहा, 'हाँ-हाँ, इसमें पूछने की क्या बात है।' वह थोड़ी देर चुप रहा। फिर बोला, 'आप अन्दाज़े से कितनी रोटियाँ खाएँगे?' मैं बहुत परेशान हुआ। सोचा, सामान उठाकर होटल में चला जाऊँ। इतने नज़दीक की रिश्तेदारी और ऐसा बर्ताव! पर मैं बर्दाश्त कर गया। मैंने कह दिया, 'मैं क्या खाता हूँ! यही चार-पाँच रोटियाँ।' वह सन्तुष्ट हुआ। मुझे दो दिन सुबह-शाम साढ़े चार रोटियाँ मिलीं। मैंने चार-पाँच कहा था न! उसने औसत निकालकर साढ़े चार कर दीं। मुझे कुल तीन दिन वहाँ ठहरना था। तीसरे दिन सुबह उसने पूछा, 'आप कितने दिन यहाँ ठहरेंगे?' मैंने कहा, 'बस आज और!' उसने कहा, 'हमारा नियम है कि दो दिन के लिए ही मेहमान रखते हैं। आगे वह मेहमान तो रहता है, पर 'पेइंग-गेस्ट' हो जाता है और डेढ़ रुपया थाली लगता है। अगर आपको आज भी मेहमान के रूप में रहना हो तो आप मेरे भाई से बात करो। ये तीन रुपये उसके हिसाब में चले जाएँगे।' ''

हिसाब की बात सुनकर पाँचवाँ बोल पड़ा, ''हिसाब की मत पूछो। मुझे ख़ुद अनुभव है। उसका भाई मेरा अच्छा परिचित है। एक दिन उसने मुझसे कहा, 'तुम्हारी पत्नी यहाँ नहीं है। होटल में खाते हो। कल दोपहर मेरे घर खाना खाओ।' मैं दोपहर को पहुँचा। बरामदे में यही महापुरुष मिला। प्रेम से बैठाया। हाल-चाल पूछे। फिर बोला, 'किसी काम से आए हो?' मैंने कहा, 'आपके भाई ने मुझे भोजन करने के लिए बुलाया था।' वह हँसा। बोला, 'तुम भी उसके चक्कर में आ गए। अरे, वह खाने के लिए लोगों को बुला लेता है, और बाद में बिल चुकाने में किनमिन करता है।' मैं फ़ौरन वहाँ से भाग खड़ा हुआ।''

मैंने पाँचों की बातें सुनीं और मुझे लगा कि वह आदमी मनुष्य जाति की अमूल्य निधि है। उसकी बनावट पर शोध होनी ही चाहिए। विकासवाद में जिनका विश्वास है, वे देखें कि क्या यही वह 'मिसिंग लिंक' है जो वनमानुष और मनुष्य को जोड़ती है। जिन्हें सुपरमैन (महामानव) की कल्पना में विश्वास है, वे देखें कि क्या यही महामानव है। प्राणिशास्त्री भी अध्ययन करें कि यह कौन-सी नस्ल है। क्या यह आदमी की नस्ल का ही है? मनोविज्ञान-विशेषज्ञ इसके दिमाग़ का अध्ययन करें। मानव-विज्ञानवाले जाँच करें कि वह किन जीवन-मूल्यों को मानता है। यह भी शोध का विषय है कि पत्नी से उसके सम्बन्ध किस प्रकार के हैं।

इसीलिए मैं उससे विनती करनेवाला हूँ कि तू अपनी लाश मेडिकल इन्स्टीट्यूट को देकर मरना। मानव जाति के लिए जो तू जीवित अवस्था में नहीं कर सका, वह तेरी लाश कर देगी। बहुत लोगों की लाशें ज़्यादा उपयोगी होती हैं। कई लोगों को देखकर लगता है, ये अगर जल्दी लाश हो जाएँ तो दुनिया का कितना भला कर जाएँ!

# पाँच लोक-कथाएँ

## 1. दूसरा फ़रहाद

यह अभी हाल की बात है। एक राजा था, जिसकी लड़की शीरीं बहुत ख़ूबसूरत थी। फ़रहाद नाम का एक युवक उससे प्रेम करने लगा था, क्योंकि उसने लैला-मजनू का क़िस्सा सुन लिया था—जिसने क़िस्सा सुन लिया वह प्रेमी हो जाता है।

फ़रहाद राजा के पास शीरीं से शादी करने की प्रार्थना करने पहुँचा। तब वे एक नहर का नक़्शा देख रहे थे। उन्होंने फ़रहाद की बात सुनी और कहा, "बरख़ुरदार, मैं इस वक़्त पंचवर्षीय योजना में डूबा हुआ हूँ। देखो, यह नहर खुदनी है। इसके खुदने से बहुत बड़े इलाक़े में सिंचाई होगी और हमारे राज्य में अनाज का संकट मिट जाएगा।"

फ़रहाद ने फ़ादर-इन-ला को प्रभावित करने के लिए कहा, ''डैडी, यह क्या हाइड्रोइलेक्ट्रिक प्रोजेक्ट है या...''

राजा ने कहा, ''नहीं बेटे, सिर्फ़ नहर खुदनी है। जो यह खुदवा देगा उसी से मैं शीरीं की शादी कर दूँगा।''

फ़रहाद ने कहा, ''मुझे यह शर्त मंजूर है। मैं एक साल में यह नहर बनवा दूँगा। आशा है, तब तक शीरीं किसी आवारा क्लास-फ़ेलो के चक्कर में नहीं पड़ेगी।''

राजा ने कहा, ''तुम बेफ़िक्र रहो। शीरीं की शादी उसी से होगी जो यह नहर खुदवा देगा।''

फ़रहाद बड़े उत्साह से लौटा। उसने एक ठेकेदार को बुलाया और नहर खोदने का ठेका दे दिया। कहा, ''रुपया जितना चाहो लो, पर साल भर में नहर खुद जानी चाहिए।''

ठेकेदार ने काम शुरू कर दिया। इधर फ़रहाद शीरीं के सपनों में डूबा रहने लगा।

साल बीत गया। फ़रहाद नहर देखने निकला। नहर नहीं खुदी थी। ठेकेदार भी ग़ायब था।

फ़रहाद बहुत परेशान। वह शीरीं के बाप के पास पहुँचा। बोला, ''मुझे माफ़ किया जाए। वह ठेकेदार धोखा दे गया। पैसा खा गया और नहर भी नहीं खुदवाई। मैं वादा करता हूँ कि एक साल में नहर खुदवा दूँगा। मुझे एक मौक़ा और दीजिए।''

शीरीं के बाप ने कहा, ''अब तकलीफ़ करने की कोई ज़रूरत नहीं है।'' फ़रहाद ने पूछा, ''क्यों ?''

राजा ने कहा, ''इसलिए कि शीरीं उस ठेकेदार के साथ भाग गई है।''

सुना है, इसके बाद फ़रहाद 'मस्टर रोल' पर सिर पटक-पटक कर मर गया।

## 2. गुरु-शिष्य

किसी राज्य में पंडित वेद शर्मा नामक विद्वान् रहते थे। उनकी विद्या की ख्याति दूर-दूर तक फैली थी। उनके पास राजा वितंडवाहन के पाँच राजकुमार विद्या प्राप्त करते थे।

राजकुमारों की शिक्षा जब समाप्त हुई, तब गुरु ने कहा, ''शिष्यो, अब मैं तुम्हारी परीक्षा लूँगा।''

पाँचों राजकुमारों को बिठा कर गुरु ने प्रश्नपत्र दे दिया। वे उत्तर लिखने लगे।

गुरु बारी-बारी से हर राजकुमार के पास जाकर देख रहे थे। चार कुमारों को देखकर जब वे पाँचवें के पास पहुँचे तो देखा कि वह कुंजी में से नक़ल कर रहा है।

गुरु ने कहा, "वत्स, यह कुंजी तूने कहाँ से प्राप्त की?"

कुमार ने कहा, "गुरुदेव, इसे मैं आपकी टेबल पर से उठा लाया था।"

यह सुन कर गुरु बहुत प्रसन्न हुए और उसे प्रथम घोषित कर दिया।

## 3. वकील

किसी समय की बात है। कुतर्कतीर्थ पं. फ़ौजदारी अपने ज़माने के सबसे बड़े वकील थे। उनकी एकमात्र कन्या थी। वे चाहते थे कि उसकी शादी किसी प्रतिभावान वकील से ही हो जिससे उनकी परम्परा आगे बढ़े।

उनकी इच्छा जान कर एक दिन उनके पास पाँच-छः प्रतिभावान युवक वकील आए और अपनी-अपनी योग्यता का बखान करने लगे।

एक ने कहा, "मेरी लाइब्रेरी में क़ानून की एक लाख किताबें हैं। मैं रोज़ दस घंटे अध्ययन करता हूँ।"

दूसरे ने कहा, "क्रॉस-एक्जामिनेशन में मेरी प्रतिभा को बड़े-बड़े जज मानते हैं।"

तीसरे ने कहा, "क़ानून की बारीकियों में मेरी बराबरी कोई नहीं कर सकता।"

सबने अपने-अपने गुण बताये। एक युवा वकील चुप बैठा था। पंडित फौज़दारी लाल ने उससे कहा, "तुमने कुछ नहीं बताया। तुम्हारी लाइब्रेरी कैसी है? तुम कैसे तर्क करते हो? तुम्हारा अध्ययन कैसा है?"

उसने कहा, "अपुन इन किताबों, अध्ययन और तर्क के चक्कर में नहीं पड़ते। अपुन तो सीधे गवाह तोड़ते हैं और अपनी प्रैक्टिस इन सबसे अच्छी है।"

वकील साहब ने कन्या की शादी उसी से कर दी।

## 4. आधुनिक

एक राजा वेश बदलकर अपने मंत्री के साथ प्रजा की हालत देखने निकलता था।

एक दिन राजा साहब एक खिड़की में से एक घर के भीतर झाँक रहे थे। वहाँ एक आदमी जनेऊ पहने, चन्दन लगाये बर्थ-डे केक काट रहा था।

राजा ने मंत्री से पूछा, "यह क्या है?"

मंत्री ने कहा, "हुजूर, यह भारतीय आधुनिकता है।"

# 5. ख़ुदा का नूर

हज़रत मूसा नाम के एक सज्जन परेशान होकर एक पहाड़ पर चले गए। सोचा, एकान्त में चैन से थोड़ी देर बैठेंगे। वे आँखें बन्द करके ख़ुदा का स्मरण करने लगे। आँखें खोलीं तो देखा, सामने नुरू नाम का वह बनिया खड़ा है, जिसकी बहुत उधारी बकाया पड़ी है। नुरू ने कहा, ''क्यों, उधारी पटाते नहीं हो और यहाँ आकर मुँह छिपाते हो!''

हज़रत मूसा उसे देखकर बेहोश हो गए।

लोग उन्हें उठाकर लाए और प्रचार कर दिया कि मूसा ख़ुदा का नूर देखकर बेहोश हो गए थे।

वे असल में साहूकार को देखकर बेहोश हो गए थे और साहूकार ख़ुदा का सच्चा नूर होता है।